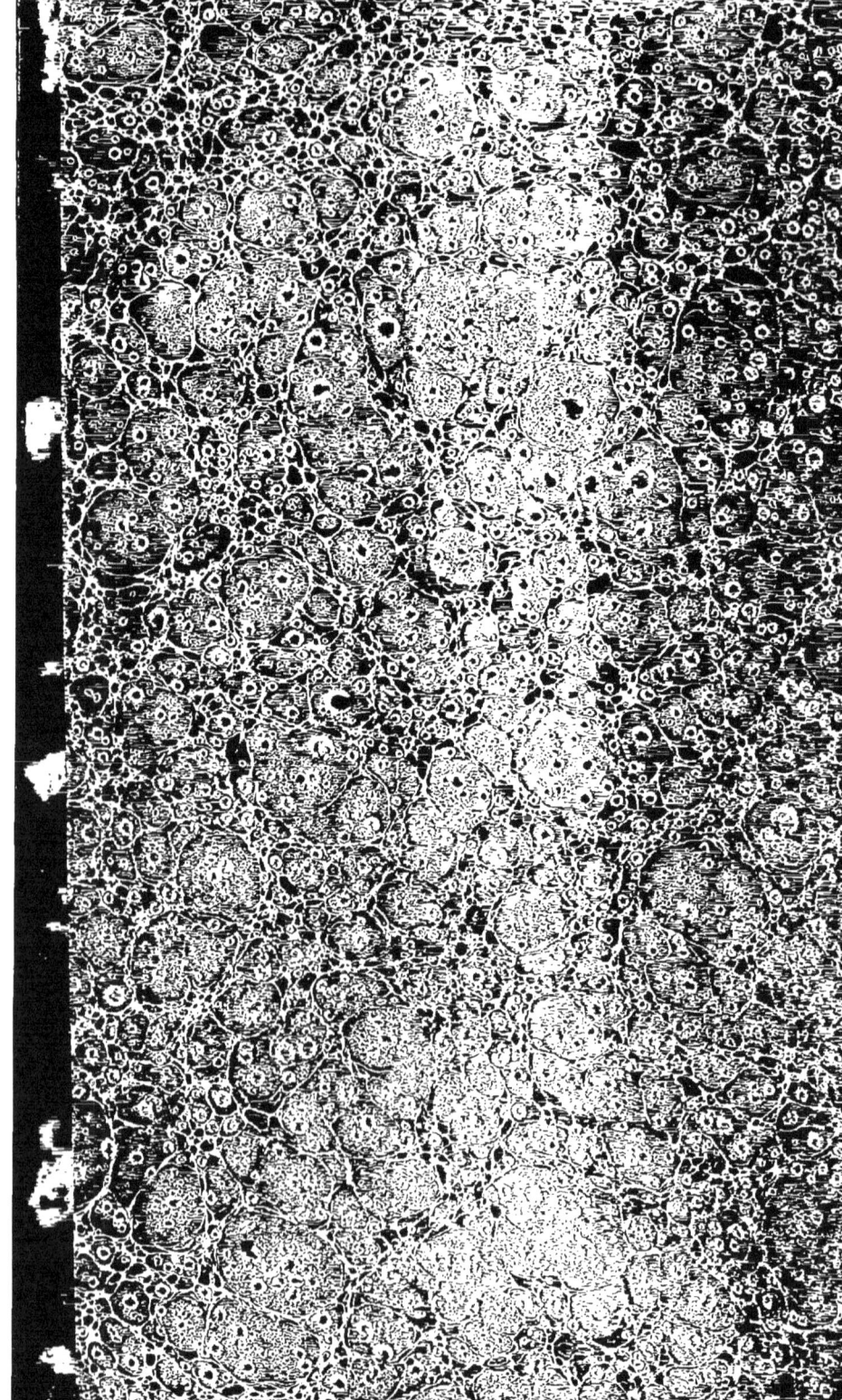

42070

BIBLIOTHÈQUE

D'UNE

MAISON DE CAMPAGNE.

TOME LV.

SIXIÈME LIVRAISON.

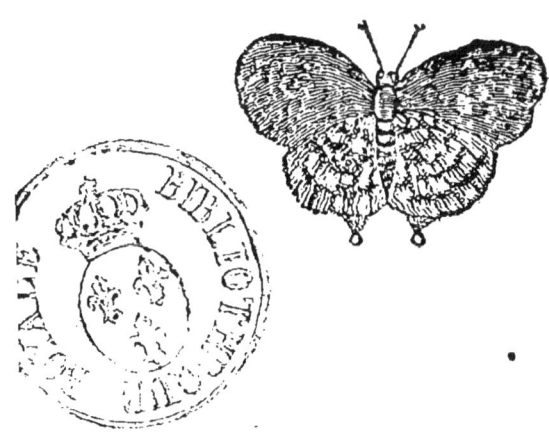

LE DOYEN DE KILLERINE.

IMPRIMERIE DE LEBÈGUE.

LE DOYEN
DE KILLERINE,

HISTOIRE MORALE,

COMPOSÉE SUR LES MÉMOIRES D'UNE
ILLUSTRE FAMILLE D'IRLANDE,

ET ORNÉE

DE TOUT CE QUI PEUT RENDRE UNE LECTURE
UTILE ET AGRÉABLE.

PAR L'ABBÉ PRÉVOST.

TOME TROISIÈME.

A PARIS,
CHEZ LEBÉGUE, IMPRIMEUR-LIBRAIRE,
RUE DES RATS, N° 14, PRÈS LA PLACE MAUBERT.

1821.

LE DOYEN DE KILLERINE.

LIVRE CINQUIÈME.

Dans la confiance que j'avais inspirée à Rose, et dont j'étais rempli moi-même, nous entendîmes avec joie le bruit d'un carrosse qui arrivait quelques momens avant l'heure marquée; et rien ne pouvant retarder notre départ, nous consentîmes à suivre aussitôt un homme d'assez bonne mine, qui se fit annoncer à moi de la part du comte de S..., et qui donna la main à ma sœur jusqu'au carrosse. Étant monté avec nous, il me dit que le cocher avait les ordres du comte, et que nous serions dans moins de deux heures au lieu où nous souhaitions d'arriver. Ma sœur n'avait que sa femme de chambre avec elle, et je m'étais fait suivre d'un valet dont la fidélité et le zèle étaient à l'épreuve. A peine fûmes-nous hors de Paris, que j'entendis le bruit de quelques chevaux qui nous suivaient, et quelques momens après je crus entendre encore la voix de quelques personnes qui paraissaient disputer sourdement derrière nous. Notre guide, à qui j'en marquai de l'inquiétude, me répondit naturellement que c'étaient les domestiques du comte, qui nous composaient une escorte pour la sûreté de notre route. Je n'eus point d'autre sujet d'alarme dans une voiture dont je me croyais le maître, et nous arrivâmes en effet, dans l'espace d'environ deux heures, à la porte d'une maison dont l'obscurité de la nuit ne me permit point de reconnaître les dehors.

Rien ne m'étant suspect, j'y entrai avec autant de satisfaction que j'en devais ressentir de croire ma sœur dans un asile sûr et tranquille. Le guide nous fit ouvrir un appartement commode, qui étant composé de plusieurs pièces, pouvait servir à nous loger ensemble. C'était, me dit-il, celui que le comte lui avait ordonné de nous offrir. On nous y servit à souper. Je fus supris de ne pas voir paraître mon valet. On me dit que s'étant trouvé mal derrière le carrosse, il avait pris le parti de marcher à pied, après s'être fait instruire du chemin, et qu'il était surprenant, en effet, qu'il ne fût point encore arrivé. Je me persuadai aisément qu'il pouvait s'être arrêté sur la route. La nuit étant trop avancée pour me livrer à d'autres soins, je laissai ma sœur dans sa chambre, et je me retirai dans la mienne.

Le lendemain, en sortant d'un sommeil fort paisible, je fus invité, par la vue d'un beau jardin qui se présentait devant mes fenêtres, à descendre pour y faire quelques tours de promenades ; mais je trouvai ma porte fermée, et je m'efforçai en vain de l'ouvrir. Je passai par un cabinet de communication, qui joignait ma chambre à celle de ma sœur, dans l'espérance de trouver une autre porte de ce côté-là ; il y en avait une, mais je la trouvai fermée comme la mienne. Rose dormait encore.

Je retournai dans ma chambre, sans la moindre naissance de crainte et de soupçon. Mes plaintes tombèrent uniquement sur la légèreté des domestiques du comte, que j'accusai d'avoir emporté les clefs sans réflexion. Il se passa encore plus d'une heure jusqu'au réveil de Rose, et je l'employai à méditer sur tant de faveurs récentes dont je me croyais redevable à la protection du Ciel.

Enfin, croyant ma sœur éveillée, je fis assez de bruit pour me faire entendre des domestiques. Ce ne fut pas tout d'un coup qu'on parut y faire attention. J'attendis encore plus d'un quart d'heure. Mais, ayant frappé plusieurs fois avec quelques marques d'impatience, j'obtins d'être écouté. Le même homme que j'ai nommé notre guide, ouvrit ma porte; et s'avançant vers moi après l'avoir fermée soigneusement, il me demanda si j'avais besoin de ses services. Je ne souhaite, lui dis-je, que la liberté de descendre au jardin. Il me répondit honnêtement que j'étais le maître absolu de la maison, et qu'il avait ordre de respecter toutes mes volontés ; mais que de fortes raisons, dont je serais bientôt éclairci, ne permettaient ni à ma sœur ni à moi de sortir ce jour-là de notre appartement. Quoique je trouvasse quelque chose de bizarre dans cette déclaration, et surtout dans le soin qu'on avait eu de nous enfermer sans nous avoir avertis, je m'imaginai sans peine que le comte croyait cette précaution nécessaire à notre sûreté, et que ce qu'il y avait de choquant dans l'exécution, venait de la grossièreté de ses domestiques. J'entre volontiers, répliquai-je, dans toutes les vues de M. le comte; et passant dans la chambre de ma sœur, je lui appris d'un air riant, que, par des raisons qui importaient apparemment au succès de nos mesures et à la tranquillité de notre retraite, nous étions condamnés à ne pas nous montrer pendant le reste du jour. Elle prit la même idée que moi de cette mystérieuse conduite, et nous n'en trouvâmes pas moins de douceur à nous entretenir de l'heureux changement qu'un jour ou deux avaient mis dans notre fortune. Mon valet n'arriva point ; mais l'inquiétude que j'en eus ne tomba que sur sa santé.

Vers le soir, dans le temps que, pour désennuyer Rose, je repassais avec elle sur cet enchaînement de circonstances qui nous avait conduit au terme où nous touchions, et que je l'exhortais à se rendre digne de tant de bienfaits dont le Ciel semblait prêt à la combler, on vint m'avertir que j'étais attendu dans ma chambre par quelques personnes que je connaissais. Je ne doutai point que ce ne fût le comte ; mais voulant lui laisser le plaisir de croire qu'il m'avait surpris, je priai ma sœur d'attendre que je vinsse la rejoindre avec lui. Je n'avais qu'un cabinet à traverser. J'en fermai la porte, qui touchait à la chambre de Rose. Mon étonnement fut extrême, en effet, d'apercevoir en entrant dans la mienne, non le comte de S..., que je me disposais à embrasser de toutes mes forces, mais M. et madame de Sercine, avec une autre dame qui m'était inconnue. L'air de joie qui était déjà répandu sur mon visage, fit place à beaucoup d'embarras et de contrainte. Je n'avais point oublié les chagrins que M. de Sercine m'avait déjà suscités, et sa présence fut un augure que j'expliquai aussitôt dans le sens le plus contraire à mes espérances.

Il me pria civilement de m'asseoir, comme s'il se fût attribué quelque autorité dans la maison, et qu'il eût prétendu m'en faire les honneurs. Voyant que j'attendais en silence qu'il commençât à s'expliquer : Peut-être ignorez-vous, me dit-il enfin, que vous êtes ici dans une maison qui m'appartient ; mais je serais fâché que vous doutassiez de la satisfaction que j'ai de vous y voir. Je n'appris qu'hier votre retour ; car vous l'avez caché soigneusement à vos amis. Cependant, le roi d'Angleterre en est informé, et c'est par son ordre que je viens vous déclarer ses intentions. Là-dessus, reprenant tout ce qui avait précédé le combat de mes frères, et descendant au détail de ce qui l'avait suivi, il composa de quantité de faits mal entendus, ou rapportés infidèlement, un roman sans vraisemblance, tel qu'il avait plu à milord Linch de le faire au Roi, et dont la conclusion fut que ce prince approuvant ses vues sur ma sœur, et se souvenant que mes frères et elle y avaient consenti, sans parler d'un nouveau consentement écrit de la main et signé du nom de Georges, Sa Majesté me défendait de m'opposer plus long-temps à un mariage si bien assorti, et d'abuser de mon autorité sur une sœur jeune et timide, pour lui faire manquer un établissement qui devait satisfaire assez mon ambition. Il ajouta que mon obéissance serait récompensée, et que le Roi, étendant ses faveurs jusqu'à moi, avait pris la résolution de m'attacher à sa personne, en qualité d'aumônier ordinaire, avec promesse de s'employer à Versailles pour me procurer incessamment un bénéfice.

Il attacha les yeux sur moi en finissant ce discours, pour chercher d'avance ma pensée dans les miens. Je confesse que, dans le saisissement qu'une si étrange aventure m'avait causé, incertain du lieu où j'étais, sûr d'avoir été trahi, et n'osant encore soupçonner personne d'un si indigne artifice, un moment ne me fuffisait pas pour reprendre mes esprits; et, pour donner une forme raisonnable à ma réponse, je demeurai quelque temps à rassembler mes idées autant qu'à chercher mes expressions. Enfin, ne pouvant douter qu'en quelque lieu que je fusse, la trahison qui me faisait trouver M. de Sercine au lieu du comte de S...., et qui m'exposait aux persécutions de la Cour, n'eût été tramée par milord Linch, cette réflexion, que je ne pus faire sans me rappeler toutes ses témérités et ses violences, me donna plus d'impatience de parler que je n'avais eu de peine à rompre le silence : mon embarras fut moins à trouver des termes qu'à les modérer. Je balance trop long-temps, dis-je à M. de Sercine, en le regardant d'un œil ferme ; je ne dois pas vous déguiser des sentimens qui sont justes devant le Ciel, et qui ne craignent rien par conséquent de la censure des hommes. Ma sœur m'est chère sans doute, et je souhaite de la voir mariée heureusement ; mais milord eût-il une couronne à lui offrir, je le dédaignerais avec son projet. Ce mépris de la grandeur, si elle n'est accompagnée de la vertu, vous persuadera d'abord que l'ambition me touche moins que vous ne vous l'êtes figuré. Si vous m'accusez de manquer de soumission pour les ordres du Roi, je réponds que c'est de sa bouche que je souhaite de les entendre ; et je me promets de la justice qui anime tous ses sentimens, que je serai bientôt assez heureux pour lui voir approuver les miens. Il est vrai, continuai-je du même ton, que je n'ai pas toujours été si mal disposé pour milord Linch. Mes frères, et ma sœur même, ont pu lui marquer aussi de l'estime dans un temps où ils le connaissaient moins. Dispensez-moi de vous apprendre ce qui nous a refroidis. Je ne serai point son ennemi ni son accusateur ; mais un autre le détesterait avec les mêmes raisons ; et n'eussions-nous à lui reprocher que la perfidie qui nous met dans cette prison.... M. de Sercine m'interrompit en souriant : Vous donnez un nom trop dur, me dit-il, à l'innocent artifice d'un amant; et si vous n'avez point d'autre offense à lui reprocher, vous réussirez mal à nous faire approuver votre aversion. Ce discours m'irritant encore, il s'en fallut peu que je n'expliquasse ouvertement tout ce qui devait me le faire regarder comme l'homme du monde le plus odieux ; mais un sentiment de religion me fit craindre de donner trop à la haine, si je révélais le meurtre de des Pesses, et tant d'autres excès qui l'auraient exposé à de justes châtimens. Je m'applaudis aussi, dans la chaleur où j'étais, de n'avoir laissé rien échapper qui pût commettre le comte de S....; et me bornant aux propositions qu'on venait me faire, je protestai avec beaucoup de force que rien n'était capable d'altérer mes résolutions.

M. de Sercine m'ayant demandé d'un air chagrin si c'était sérieusement que je m'obstinais dans ces idées, et ne tirant point de moi d'autre réponse, fit signe à sa femme de se retirer. Je demeurai seul avec lui. Il ajouta quelques autres exhortations que je lui laissai finir sans l'interrompre ; et ne m'arrêtant pas même à répliquer, je le priai seulement, s'il était vrai que je fusse dans sa maison, de me faire connaître quel traitement l'on m'y destinait, et si l'on prétendait m'ôter long-temps la liberté. Il me répondit qu'il ne pouvait s'expliquer là-dessus sans avoir fait le rapport de sa commission au Roi, dont il n'avait fait qu'exécuter les ordres. Pendant que notre entretien s'alongeait froidement, et commençait à tomber sur des matières indifférentes, je crus entendre quelque bruit dans la chambre de ma sœur. Je cessai de parler, pour prêter l'oreille. Ce n'est rien, me dit M. de Sercine ; n'appréhendez rien pour elle. Un moment après, le bruit redoublant avec beaucoup de confusion, j'entendis la triste Rose qui jetait des cris perçans, et qui m'appelait à son secours. O perfides ! m'écriai-je dans le premier transport ; et me dégageant des mains de M. de Sercine, qui fit quelques efforts pour me retenir, je me hâtai de gagner la porte du cabinet. Ma sœur était de l'autre côté, qui tâchait de l'ouvrir. J'en vins à bout plus facilement qu'elle ; de sorte que l'ayant ouverte en effet, je trouvai vis-à-vis de moi ma chère sœur qui pensa tomber évanouie entre mes bras. Elle avait l'air effrayé, et les yeux chargés de larmes. Ce spectacle m'ayant extrêmement ému, je ne pus m'empêcher de faire quelques reproches piquans à madame de Sercine, qui était derrière elle avec l'autre dame et quelques domestiques. Ah ! s'écria Rose, que veut-elle de moi, et de quel droit prétend-elle me forcer de la suivre ? Elle veut que je vous quitte pour aller avec elle à Saint-Germain ; et sur le refus que j'en ai fait, elle n'a pas eu honte d'employer les mains de ses domestiques pour me faire traîner malgré moi jusqu'à son carrosse !

J'avais derrière moi M. de Sercine, qui prit la parole aussitôt pour condamner cette violence. Nous avions supposé, dit-il à sa femme, que mademoiselle consentirait volontairement à nous suivre, et vous ne deviez pas lui faire d'autre proposition. Ensuite, invitant ma sœur à s'asseoir, il la conjura de ne pas se contraindre dans l'aveu de ses véritables sentimens. Je sais, lui dit-il, à quoi l'ordre de la naissance vous oblige, et je ne suis pas surpris de trouver dans une fille vertueuse de la soumission pour les conseils d'un frère aîné ; mais vous avez pour vous l'autorité du Roi, qui daigne favoriser vos inclinations ; vous avez le consentement d'un autre frère, que vous devez regarder après tout comme le chef de votre maison, puisque c'est sur lui que tombent tous les droits ; ainsi vous êtes libre de revenir au choix que vous aviez fait, et dont vous paraissiez autrefois si contente. Le cœur de milord Linch n'est point changé. Il vous a demandé au Roi comme l'unique prix des services qu'il doit rendre à ce Prince. De votre mariage dépend même la fortune de M. le Doyen, à qui Sa Majesté promet de faire un établissement honorable à cette condition. Parlez sans crainte. Consentez à votre bonheur, et rendez même votre frère heureux malgré lui.

Ce ton me parut plus digne d'un honnête homme. Je laissai à Rose le soin de se défendre. Elle avait eu le temps de se remettre assez pour s'expliquer sans embarras. Aussi n'attendit-elle point mon secours. En peu de mots elle déclara si nettement sa répugnance invincible pour milord Linch, et le chagrin qu'elle avait de ne pouvoir entrer mieux dans les intentions du Roi, que M. de Sercine perdit entièrement l'espérance. Il avait peine néanmoins à revenir de sa surprise. Mais, Mademoiselle, répéta-t-il plusieurs fois, vous n'avez pas toujours eu les mêmes dégoûts; je vous ai vue autrement disposée aux Saisons. Milord Linch fait même valoir je ne sais quelles promesses, par lesquelles vous vous êtes liée à lui pendant les soins qu'il a pris pour la liberté de votre frère. Je me les reproche, interrompit-elle vivement ; et puis n'a-t-il pas dû vous dire en même temps de quelle condition je les faisais dépendre ? J'avoue, reprit M. de Sercine, que cet événement me confond. Soyez sûre que loin de penser à vous faire violence, je me serais défendu de la commission que j'ai acceptée, si milord Linch ne m'avait fait entendre que c'était vous rendre service autant qu'à lui, que de vous affranchir de l'austère tutelle où vous êtes ; car M. le Doyen, ajouta-t-il, passe pour un homme dont les maximes sont un peu gênantes à votre âge. J'ai cru que s'il faisait difficulté de répondre aux bontés du Roi, madame de Sercine vous engagerait infailliblement à prendre avec nous la route de Saint-Germain.

J'affectai, pendant qu'il parlait avec cette politesse, de ne pas mêler un mot à la conversation ; trop content de le voir revenir de lui-même à la modération dont il s'était écarté avec moi. Cependant il me vint à l'esprit de profiter de ce changement pour découvrir par quel artifice nous avions été trompés. Je lui parlai en homme guéri de mes craintes, et qui commençait à faire fond sur les civilités dont il continuait de combler ma sœur. Ce tour d'amant vous laisse du chagrin, me dit-il en souriant, et je conçois que vous le pardonnerez difficilement à milord Linch. Il consentit là-dessus à m'apprendre toutes les circonstances que j'ai déjà rapportées, et dont milord Linch s'était vanté la veille au coucher du Roi. C'était sans la participation de M. de Sercine que ce téméraire avait formé le dessein de nous faire conduire à sa maison. Elle était à Chatoux, village peu éloigné de Saint-Germain. S'étant reposé du soin de notre enlèvement sur quelques personnes dévouées à qui il avait laissé ses ordres, il s'était rendu hardiment à la Cour, où il s'était ouvert non-seulement à M. de Sercine, qui était depuis long-temps dans ses intérêts, mais au Roi même, qu'il eut l'adresse d'y faire entrer par le tour spécieux qu'il sut donner à ses prétentions. Ce prince, qui était la bonté même, et qui se laissa persuader que la résistance de ma sœur ne venait que de mes conseils, regarda la trahison dont on s'accusait si librement comme une aventure galante, et le projet du mariage comme une entreprise également utile pour elle et pour moi, par les avantages qui en devaient revenir à Rose, et par ceux qu'il se proposait de me faire à moi-même. Après avoir été si loin, Linch n'avait pas eu de peine à obtenir les ordres dont M. de Sercine était chargé. On comptait à Saint-Germain d'y voir arriver Rose avant la nuit; et tout ce qu'il y avait de gens favorables à Linch ne doutaient pas qu'elle ne se rendît bientôt à l'appât d'une fortune brillante, lorsque le Roi interviendrait lui-même pour lui faire secouer le joug de mon autorité.

Je trouvai deux choses tout à fait surprenantes dans ce récit : l'une, que milord Linch, après tant d'expériences du peu de goût que ma sœur avait pour lui, parût se flatter encore de lui plaire, et d'obtenir librement son cœur; car ce ne pouvait être que cette espérance qui l'eût fait renoncer à l'ancien désir de l'enlever pour l'épouser malgré elle. Il aurait pu l'exécuter facilement, après nous avoir trahis ; et quand il lui aurait été impossible de me séparer d'elle pour se procurer plus de liberté dans mon absence, tous mes efforts étaient-ils capables d'y apporter le moindre retardement ? Si l'on ne veut point regarder avec moi ce changement de projet comme une faveur du Ciel qui veillait à la conservation de l'innocente Rose, il faut y reconnaître l'étrange pouvoir de l'amour-propre dans un homme fier et orgueilleux, qui ne se figurait peut-être point qu'une femme pût refuser sincèrement de l'aimer; ou qui croyait du moins son triomphe certain, lorsqu'il aurait la liberté d'attaquer ouvertement son cœur. A moins qu'on n'aime mieux penser, sur ce qu'il m'avait raconté en Irlande, que, par un autre caprice, il comptait pour rien d'être aimé, et, qu'à l'exemple de son père, il lui suffisait de posséder une femme aimable, et d'être sûr de sa sagesse. Dans cette supposition, il aurait pu se promettre de l'autorité du Roi, ce qu'il avait d'abord espéré de la violence; et ces deux voies étant capables de le conduire à la même fin, il pouvait choisir indifféremment l'une ou l'autre.

Mais je ne fus pas moins étonné qu'après deux duels, dont le premier devait encore lui causer de l'inquiétude, et dont l'autre était si récent qu'il ne pouvait être assuré s'il n'avait pas été découvert, il eût osé se montrer à Saint-Germain, et se charger d'un autre attentat qui pouvait être regardé d'un œil plus sérieux par la justice de France, que par le Roi d'Angleterre et M. de Sercine. J'en pris une plus terrible idée de ce caractère furieux, que ses propres périls ne pouvaient arrêter; et, rendant grâce au Ciel de ceux dont il nous avait garantis, je demandai à M. de Sercine si nous aurions la liberté de sortir de sa maison. Vous l'aurez, me répondit-il, si le Roi vous l'accorde. Je ne consulterai pas milord Linch sur un devoir si juste; mais je n'oserais vous rendre libres, ajouta-t-il, sans avoir pris les ordres du Roi. Sa réponse me fit craindre que nous ne fussions pas à la fin de cette persécution. La facilité du Roi pouvait augmenter la hardiesse de milord Linch, et lui faire renouveler des projets qui n'étaient peut-être que suspendus. J'aurais offert de me rendre moi-même auprès de ce prince, pour solliciter sa bonté et sa justice, si je n'avais appréhendé de laisser ma sœur sans défense. Il y avait encore moins de sûreté à la mener avec si peu de précautions dans une Cour où elle n'avait jamais paru. Enfin, M. de Sercine se disposant à nous quitter, je le priai seulement de représenter au Roi le regret que nous avions de ne pouvoir lui obéir dans une affaire qui n'intéressait heureusement que nous, et l'espérance où nous étions que Sa Majesté daignerait mettre notre respect à d'autres épreuves. Si vous êtes ennemi de la violence, ajoutai-je, vous ne laisserez point le temps à milord Linch de nous susciter de nouveaux chagrins, et vous vous emploierez vous-même à nous procurer la liberté. Ma sœur joignit ses instances aux miennes, pour l'engager à nous faire avertir sur-le-champ de cette heureuse nouvelle.

Loin de me flatter que notre prison fût élargie après leur départ, je ne pensai qu'à demeurer auprès de Rose, pour la rassurer contre mille frayeurs qu'elle n'eut point la force de me cacher. En se rappelant tout ce que milord Linch avait pu recueillir de notre conversation dans le parloir du couvent, elle ne put douter que le nom du comte de S...... nous étant échappé plusieurs fois, il n'eût aisément compris qu'il avait un nouveau rival. Cette pensée la fit trembler pour le comte. Croyez-vous, me dit-elle, qu'il soit plus ménagé que des Pesses par un furieux qui n'est capable de respecter personne, et qui se fait un jeu de répandre le sang d'autrui et le sien ? A quoi suis-je réduite, s'il faut que j'aie ce monstre incessamment attaché à mes pas, et prêt à massacrer tout ce qui peut m'aimer ou me plaire ? Mais qu'aura pensé le comte, reprit-elle, lorsque, voyant son carrosse revenir sans nous, il aura su de ses gens que nous n'avions point attendu leur arrivée, et qu'il nous croira partis avec tant d'indifférence pour son repos, que nous n'avons pas daigné l'en avertir? N'est-il pas en droit de se former cette idée? Que serait-ce si mon malheur allait lui faire soupçonner que je suis au pouvoir de son rival, et que je n'ai que la protection du Ciel pour me défendre? Toutes ces réflexions me venaient comme à elle, et je les trouvais si justes, que je ne pouvais me défendre moi-même de l'inquiétude qu'elles étaient capables de me causer. Cependant, le devoir de notre sexe étant toujours de soulager la faiblesse des femmes, en nous chargeant de la plus grande partie du fardeau, je la consolais par des maximes vagues de fermeté et de patience, et par la promesse du secours céleste, qui ne manque point, tôt ou tard, à l'innocence.

Ce fut dans cette occasion que, considérant l'impuissance où j'étais de former la moindre entreprise pour la secourir, je fis réflexion combien il est indécent pour un homme d'église de se mêler volontairement dans des aventures dont sa profession ne lui permet pas de soutenir toutes les circonstances, ou de répondre à toutes les suites. Un homme d'épée, qui n'aurait point eu d'autre résistance à vaincre que celle de quelques serrures et d'un petit nombre de domestiques, eût surmonté tout d'un coup des obstacles si faibles; et Georges à ma place, par exemple, n'eût pas laissé Rose un moment dans l'embarras dont elle brûlait d'être délivrée. Mais la bienséance de mon état, la gravité et la modestie dont j'avais formé l'habitude, la patience et l'amour de la paix que j'avais appris dès ma jeunesse à regarder comme des vertus essentielles à ma condition, m'obligeaient de rejeter tout ce qui pouvait ressembler à la violence. Pourquoi donc m'exposer à des occasions où toutes mes règles ne m'étaient d'aucun usage ? Que fais-je ici ? me disais-je à moi-même, en m'occupant de cette pensée. Quel personnage pour le chef d'une paroisse, que de se trouver enlevé et prisonnier dans une aventure d'amour ! S'il est vrai que je ne puis contribuer de rien à ma liberté, l'est-il moins que je ne devais pas m'exposer à la perdre ? Mais tout était pur néanmoins dans mes vues et dans mes sentimens ; tout avait été juste et prudent dans ma conduite ; c'étaient les devoirs mêmes de la religion qui m'avaient fait prendre les mesures dont il arrivait malheureusement qu'elle était peut-être blessée. Quelle autre ressource, ajoutais-je, que de me consoler par la droiture de mes intentions, et d'attendre du Ciel qu'il me tire du précipice où il a permis que je sois tombé ?

Les préparatifs du souper interrompirent ce triste mélange d'entretiens et de méditations. On nous proposa de nous mettre à table. Rose protestait qu'elle était sans appétit ; et, la tristesse où je la voyais plongée étant capable de me l'ôter comme à elle, nous allions prendre le parti de faire desservir ce qu'on nous avait déjà présenté, lorsque, entendant plusieurs personnes qui montaient tumultueusement l'escalier, deux domestiques, qui étaient à recevoir nos ordres, nous quittèrent promptement pour aller savoir la cause de ce bruit. A peine furent-ils hors de l'appartement, que je crus entendre plusieurs voix qui criaient toutes ensemble : Arrête! Ce mouvement nous aurait causé une vive inquiétude, si nous avions eu le temps de nous y livrer; mais nous fûmes frappés aussitôt du spectacle le plus propre à nous guérir de tout autre sentiment que celui de la joie. Nous vîmes entrer brusquement..... qui? le comte de S..... et mon frère Georges! Ils étaient armés comme en guerre, et suivis de sept ou huit personnes qui l'étaient aussi. Rose tomba évanouie de joie et d'étonnement. J'avoue que, dans la surprise que je ressentis moi-même, tous mes esprits furent quelques momens dans la dernière confusion.

Ayant parcouru des yeux toutes les parties de la chambre, ils parurent admirer que nous fussions seuls, et comme disposés à manger tranquillement un souper fort délicat. Ensuite, se précipitant au secours de Rose, sur laquelle ils aperçurent l'effet qu'avait produit leur présence, ils ne furent pas long-temps à lui faire rappeler ses esprits. Mais avant que de satisfaire l'empressement que nous avions de leur parler et de les entendre, ils demandèrent si nous n'avions point d'autres ennemis, dans la maison, que les domestiques. Comme j'étais assez content de leurs services pour leur donner un meilleur nom, je répondis qu'ils étaient tout au plus nos gardes, et que je n'avais vu personne avec eux. Mon frère ordonna là-dessus à ses gens de les traiter avec douceur, et se contenta de mettre une sentinelle à la porte.

Ce fut alors que, ne pouvant plus résister à l'envie de leur faire raconter le fond d'une aventure si merveilleuse, je les pressai de nous donner sur-le-champ cette satisfaction. J'exigeai même qu'ils suspendissent un moment les caresses qu'ils brûlaient de faire à ma sœur. Le comte, sur qui le soin de nous faire ce récit semblait tomber, fit beaucoup valoir le sacrifice auquel je le forçais. Cependant, ses yeux prenant soin de le dédommager par mille regards passionnés, il commença par nous apprendre ce que sa générosité m'avait laissé ignorer jusqu'alors, que, s'étant intéressé au sort de mon frère dès la première nouvelle qu'il avait eue de son malheur, il n'avait pas cessé de faire solliciter sa grâce par un grand nombre d'amis puissans; qu'à la vérité, les mêmes raisons qui l'avaient empêché de se déclarer plus tôt l'amant de Rose, ne lui avaient pas permis de faire éclater ses sollicitations; mais qu'ayant gardé moins de mesures depuis qu'il s'était ouvert à moi dans le cloître des Chartreux, il avait poussé cette affaire avec tant de bonheur, qu'il avait obtenu de la Cour tout ce qu'elle pouvait accorder, c'est-à-dire une permission secrète de favoriser l'évasion de mon frère; que l'ayant communiquée au gouverneur de la Bastille, qui était de ses meilleurs amis, ils étaient convenus du temps et des moyens de l'exécution; que le jour avait été fixé plus tard; mais qu'ayant fait réflexion que rien ne pourrait nous causer une surprise plus agréable en arrivant à sa terre, ni lui faire un mérite plus certain auprès de Georges, que de nous rejoindre, au moment que nous y penserions le moins, dans une retraite sûre et agréable, il s'était hasardé la veille à presser si instamment le gouverneur, qu'il l'avait fait consentir à le satisfaire dès le soir du même jour; qu'il s'était fait une joie extrême d'aller prendre mon frère dans une chaise de poste, d'être le premier à le féliciter de sa liberté, enfin de le mener directement à sa terre, où il lui avait découvert toutes ses espérances, et la parole que nous lui avions donnée de nous rendre le soir au même lieu.

Mais figurez-vous, reprit-il, quel fut mon étonnement et mon désespoir, lorsqu'une partie de la nuit s'étant passée à vous attendre, je vis arriver enfin sans vous la personne que j'avais chargée de vous aller prendre au couvent. Je découvris une partie de la vérité dans son embarras. Il me dit qu'ayant appris du portier que vous étiez partis une demi-heure auparavant, et s'étant informé de toutes les circonstances de votre départ, il avait été frappé du rapport qui se trouvait entre ce qui s'était passé et les ordres qu'il avait reçus de moi : c'était un homme seul avec qui vous étiez partis ; il avait demandé M. le Doyen de ma part ; sa voiture était un carrosse de remise ; vous y étiez montée aussitôt en habit de campagne avec votre femme de chambre et vos malles. Enfin, confondu de voir sa commission déjà exécutée dans les mêmes termes, quoiqu'il n'eût reçu mes ordres que depuis moins d'un quart d'heure, il s'était long-temps agité pour trouver quelque jour à ce mystère ; mais ne recevant d'éclaircissement de personne, il avait pris la résolution, me dit-il, de venir m'en demander à moi-même.

Tout nous parut si effrayant dans ce

récit, continua le comte, que, sans rien consulter, nous nous déterminâmes en deux mots à partir sur-le-champ pour Paris. Je me souvenais des sujets d'alarme que vous m'aviez communiqués. Mon premier soin, en arrivant, fut d'envoyer un de mes gens chez vous. On lui répondit que vous étiez allé pour quelque temps à la campagne. Ma crainte ne faisant qu'augmenter, j'étais désespéré que la nuit m'ôtât toutes sortes de moyens de suivre mon impatience. Il fallut attendre le jour. J'allais sortir ce matin pour me rendre moi-même chez vous, d'où j'espérais tirer du moins quelques lumières, lorsqu'on est venu m'annoncer votre valet, qui demandait instamment à me voir. Il était dans un état à faire pitié, sale, défiguré, accablé de peine et de lassitude. Sans me donner le temps de l'interroger, il m'a déclaré, la larme à l'œil, que vous aviez été enlevés par quelque perfidie, et qu'il n'en pouvait soupçonner que milord Linch. Mille questions que nous lui faisions à la fois, nous auraient procuré peu d'éclaircissement, si ce garçon, qui m'a paru affectionné, et qui m'a fait juger, par la manière dont il s'est expliqué, que vous le traitiez avec confiance, ne nous eût prié lui-même de lui laisser la liberté de nous répondre avec plus d'ordre. Vous attendiez au couvent, nous a-t-il dit, le carrosse et le guide que je vous avais promis; on était venu vous avertir de leur arrivée, et vous vous étiez laissé conduire sans la moindre défiance. Mais à peine fûtes-vous sortis du faubourg St-Honoré, que quatre cavaliers armés, dont l'obscurité ne l'empêcha point d'en reconnaître deux pour des gens de milord Linch, se mirent à la suite du carrosse; et l'ayant serré de près, l'un d'eux lui avait présenté la pointe d'un poignard en lui ordonnant de descendre sans bruit, s'il n'aimait mieux être percé de mille coups. Il céda à la force. Deux des cavaliers demeurèrent à le garder, jusqu'à ce que le carrosse eût pris une certaine avance, et l'ayant laissé seul au milieu du chemin, ils prirent le galop pour rejoindre leurs compagnons. L'espérance de découvrir leurs traces fit marcher ce fidèle garçon à grands pas jusqu'à St-Germain, en demandant de leurs nouvelles à chaque personne qu'il rencontrait sur la route; mais ceux qui les avaient vu passer n'ayant pu lui apprendre où ils s'étaient arrêtés, le désespoir le fit revenir sur ses pas pour m'informer du moins de votre infortune. Il est arrivé aujourd'hui à la pointe du jour; et n'ignorant pas, m'a-t-il dit, l'intérêt que je prends à votre sûreté, il n'a pensé qu'à me rendre compte d'un accident si funeste.

L'incertitude du chemin qu'on vous avait fait prendre, poursuivit le comte, était la seule raison qui pût suspendre un moment nos transports. Nous serions montés aussitôt à cheval, nous aurions volé sur vos pas. Nous serions sortis du moins de Paris par la même porte; mais où serions-nous allés, lorsque nous ignorions de quel côté il fallait vous chercher? C'est ce cruel embarras qui m'a fait naître à l'esprit d'envoyer chez tous les loueurs de carrosses, pour découvrir le cocher qui vous avait conduits, et savoir de lui où il vous avait laissés. Je me suis applaudi de cet expédient; et me fortifiant d'un ordre de la police, j'ai mis aussitôt tous mes domestiques en mouvement. Pour le vôtre, ayant su de lui-même qu'il connaissait la demeure et les gens de milord Linch, je l'ai chargé de s'informer, sans affectation, de tout ce qui pouvait servir à nous faire connaître ses desseins. Il parlait de le déférer à la justice; mais nous lui avons défendu des voies indignes de nous, ou qui doivent être réservées du moins pour la dernière extrémité. J'ignore pourquoi nous ne l'avons pas revu aujourd'hui.

Quelque diligence que mes gens ayent apportée à l'exécution de mes ordres, ils n'ont pu découvrir ce qu'ils cherchaient qu'à la fin du jour. Ils nous ont amené votre cocher, qui ne s'est pas fait presser pour nous apprendre qu'il vous avait conduit à Chatoux; et sa propre curiosité lui ayant fait demander ici le nom du maître de cette maison, il nous l'a déclaré avec la même franchise. Ce que nous avions peine à croire sur son témoignage, c'était la facilité et l'air de consentement avec lequel il nous assurait que vous vous étiez laissés conduire; mais vous ignoriez sans doute le terme et le chemin. Qu'elle dût être votre frayeur en recevant cette explication! La nôtre s'est évanouie lorsque nous avons su que vous étiez chez M. de Sercine. Nous nous sommes persuadés sans peine que vous n'aviez point d'insulte à craindre dans la maison d'un honnête homme. Cependant les seules importunités de milord Linch pouvant vous devenir fort à charge, et nous figurant d'ailleurs que votre liberté pourrait nous coûter quelque effort, nous n'avons pas cru que la prudence nous permît de venir à votre secours sans avoir pris des précautions qui nous rendissent ici les maîtres. J'ai fait armer tous mes domestiques. Mon dessein était d'arrêter, en entrant, milord Linch, que je supposais avec vous, et de le faire garder l'espace de quelques heures par mes gens, pour le punir, par cette frayeur, de celle qu'il vous a causée. J'ai avec moi un carrosse à six chevaux, qui vous aurait menés, pendant ce temps-là, dans ma terre, escortés d'une partie de mes gens; et lorsque j'aurais jugé à propos de rendre la liberté à milord Linch, je lui aurais fait entendre, en lui offrant toutes les satisfactions qu'il aurait désirées, qu'un Français est ennemi de l'artifice, et prend des voies plus respectueuses pour obtenir ce qu'il aime. Mais nous avons été fort agréablement surpris, ajouta le comte, de voir régner ici une tranquillité profonde, et de ne trouver à la porte qu'un seul domestique à qui la frayeur a fait aussitôt confesser que vous êtes dans cette maison depuis hier soir.

Dans le temps qu'il finissait ce récit, et que je commençais à rendre grâce, avec Rose, à nos chers libérateurs, je fus interrompu par l'arrivée de mon valet, qui entra sans m'avoir fait avertir, et qui fut d'abord obligé de se reposer quelques momens, parce qu'il était tout-à-fait hors d'haleine. Cette scène ayant attiré toute notre attention, je le pressai d'expliquer le sujet d'un empressement si vif. Oui, me dit-il avec une espèce de transport qui marquait la joie qu'il avait de nous revoir, j'ai des événemens admirables à vous raconter; mais commencez par délibérer ensemble sur la réception que vous voulez faire à milord Linch, qui n'est peut-être qu'à deux cents pas de cette maison. Un avis de cette nature demandant en effet toutes nos réflexions, l'étonnement qu'il nous causa nous porta d'abord à nous regarder les uns les autres comme pour nous consulter mutuellement sur le parti que nous avions à prendre. Est-il accompagné, demanda le comte? Jacin, c'était le nom de mon valet, nous assura qu'il était à cheval, lui quatrième, et suivi d'une chaise vuide à deux places, qui retardait un peu sa marche. Après un moment de méditation, le comte fut d'avis qu'étant les plus forts, nous devions l'attendre tranquillement et lui accorder même l'entrée de la maison, pour nous faire un plaisir de l'étonnement qu'il aurait de nous y trouver en si grand nombre. Cependant, pour lui ôter d'abord tout espoir de réussir par la violence, il donna ordre à ses gens de se tenir dans la cour auprès de leurs chevaux qui y étaient encore, et de revenir dans l'appartement aussitôt qu'il y serait entré. Nous attendîmes en paix l'effet de cette résolution.

Jacin, à qui je demandai plus d'explication, se mit à nous raconter qu'après avoir quitté le comte de S..., il était allé, suivant ses ordres, à l'hôtel où logeait milord Linch, et qu'ayant appris qu'il était à Saint-Germain, il avait formé sur-le-champ le plan d'un stratagême qui avait réussi au-delà de son attente. Il est étrange, nous dit-il en badinant d'assez bonne grâce pour un homme de cette sorte, que ces riches milords viennent impunément nous tuer et nous enlever en France. Nous n'avons pas voulu nous rendre ses délateurs, parce que nous avons trop de grandeur d'âme pour nous avilir par cette bassesse. Mais n'ayant pas moins d'esprit, nous nous y sommes pris avec assez d'adresse pour nous défaire d'un visage qui nous chagrine. Il continua de nous dire plus sérieusement qu'il s'était rendu à Saint-Germain, et qu'ayant cherché l'occasion de se faire voir de Linch, il en avait été reconnu tout d'un coup. Linch lui avait fait signe de s'approcher; et paraissant surpris de le voir sans moi, il lui en avait demandé la raison. Celui-ci, dont le rôle était préparé, se plaignit beaucoup de la dureté que j'avais eue pour lui; et feignant de m'avoir quitté depuis peu de jours, à l'occasion de quelque démêlé dont il fit l'histoire, il lui demanda sa recommandation auprès de ses amis. Ensuite paraissant étonné de le trouver si tranquille à Saint-Germain : Mais, milord, lui avait-il dit, je vous vois ici dans une négligence de vos affaires qui me fait trembler pour vous. Ignoreriez-vous que la justice vous cherche dans tous les quartiers de Paris? On a découvert que c'est vous qui avez tué M. des

Pesses, et ses parens ont mis tous les gardes de la maréchaussée sur vos pas. Cet avertissement le fit pâlir. Son premier combat n'avait point été fort embarrassant pour lui par ses suites, parce que s'étant retiré d'abord au château de Saint-Germain, la considération du Roi avait obligé la justice à garder des ménagemens; et personne ne s'étant présenté pour presser les poursuites, elles étaient tombées d'elles-mêmes, surtout lorsque les sollicitations qu'on avait commencées pour mon frère eurent disposé la Cour à quelque indulgence. Il avait eu la hardiesse de paraître après s'être rétabli de ses blessures, et les mêmes raisons avaient fait fermer les yeux à la justice. Mais comprenant que la mort de des Pesses était un cas beaucoup plus sérieux, et ne s'étant rassuré jusqu'alors que par le secret où il s'était flatté qu'elle pourrait demeurer ensevelie, il commença à sentir la grandeur du danger. Suis-moi, dit-il à Jacin; et gagnant aussitôt le château, où il se crut moins exposé, il recommença à l'interroger curieusement sur ce qu'il venait d'entendre. Jacin n'épargna rien pour redoubler ses frayeurs. Enfin, après avoir médité long-temps : Tu peux m'être utile, lui dit-il, et tu seras libéralement récompensé. Je te rejoins ici dans quelques momens. Il donna ordre d'un autre côté à l'un de ses gens d'aller faire préparer ses chevaux et sa chaise ; et montant à l'appartement du Roi, où il ne fut pas plus d'un quart d'heure, il vint rejoindre en effet Jacin. Ecoute, reprit-il, le Roi m'ordonne de repasser en Irlande, et je crois ce voyage nécessaire. Je partirais à ce moment, si je n'attendais M. de Sercine, avec qui j'ai des affaires à terminer. Prends la poste, ajouta-t-il en lui mettant quelque louis dans la main, va trouver mon maître d'hôtel à Paris, et dis-lui de partir sur-le-champ avec toi pour venir recevoir mes ordres chez M. de Sercine à Chatoux. Compte que j'y serai à ton retour. Sois fidèle. La nuit, qui s'approche, vient à propos pour nous favoriser. Jacin l'allait quitter, assez satisfait de ce qu'il avait entendu, et remettait à délibérer en chemin sur les lumières qu'il en voulait tirer pour découvrir où nous étions, lorsqu'il vit approcher le carrosse de M. de Sercine qui arrivait de Chatoux. Il le connut à l'empressement que Linch eut de faire descendre ce gentilhomme, avec lequel il se retira aussitôt à l'écart. Pendant qu'ils étaient à s'entretenir, Jacin sut lier adroitement un autre entretien avec les domestiques du carrosse, et s'étant déjà défié, à cette apparence de mystère, que M. de Sercine avait quelque part à l'intrigue, il n'eut pas de peine à faire parler des gens moins adroits que lui, auxquels d'ailleurs M. de Sercine n'avait eu nulle raison de recommander le secret. Etant au comble de sa joie, d'avoir découvert si heureusement notre retraite, le voyage de milord Linch à Chatoux commença à lui paraître tout-à-fait suspect. Pourquoi ce soin au moment qu'il prétendait partir pour l'Irlande ? Il lui vint envie là-dessus de s'assurer davantage des mesures qu'il allait prendre pour son départ. Ainsi, ne se hâtant point lui-même de partir, il attendit que la conversation fût finie avec M. de Sercine ; et lorsque Linch, surpris de le voir encore, le pressa de monter à cheval, en lui renouvelant les mêmes ordres, il alla bien à la poste s'en faire préparer un ; mais retournant sur ses pas sans être aperçu, il se donna le temps d'examiner dans quelle voiture et avec quelle suite notre ravisseur allait partir. Il prit néanmoins assez d'avance pour s'assurer d'être à Chatoux avant lui, dans la résolution, nous dit-il, de demander aussitôt main-forte aux chefs de ce village, s'il s'apercevait que nous fussions exposés au moindre danger.

Je suis persuadé, reprit-il après cette relation, que l'ennemi n'est pas loin à présent, quoiqu'il y ait eu de l'exagération à vous dire d'abord qu'il n'était qu'à deux cents pas. Mais j'admire, ajouta-t-il, que vous n'ayez fait aucune attention à cette chaise qu'il amène à vide. Croyez-vous que, partant pour l'Irlande, son dessein ne soit pas de la faire remplir par Mlle Rose ?

Cette réflexion nous parut assez important, pour nous reprocher qu'elle nous fût échappée. Je m'imaginai même que s'il venait avec ce noir projet, il ne serait peut-être pas disposé à s'effrayer du nombre, et que, dans le mouvement de son désespoir, il aurait assez de témérité pour tout risquer. Le comte et mon frère rirent de mes craintes ; cependant j'exigeai absolument pour la sûreté de ma sœur, qu'elle ne demeurât point dans la chambre où l'on se proposait de le recevoir ; et Jacin n'y pouvant paraître non plus, je les fis passer tous deux dans la mienne.

Le comte, qui était trop passionné pour pardonner aisément tant d'odieux procédés à son rival, forma un autre dessein sans nous le communiquer. Nous ayant quittés sous quelque prétexte, il descendit pour changer l'ordre qu'il avait donné à ses gens. Au lieu de les faire demeurer dans la Cour, il voulut qu'il n'y restât rien qui pût faire juger que la maison fût si bien défendue, afin que milord Linch y entrât sans aucune défiance. Il ordonna que tous les chevaux, jusqu'à ceux du carrosse, fussent enfermés dans l'écurie, et que tous ses gens, à l'exception d'un seul, qui devait garder la porte, pour la fermer doucement sur Linch, aussitôt qu'il serait entré, se tinssent dans l'intérieur de la maison, au bas même de l'escalier, où il était résolu d'être à leur tête. Sa vue, telle qu'il nous l'expliqua ensuite, était de faire saisir le téméraire ravisseur, en lui laissant douter si ce n'était pas entre les mains de la justice qu'il était tombé : il ne lui aurait laissé qu'un de ses domestiques, qu'il aurait fait monter dans la chaise avec lui, après l'avoir interrogé sur toutes les circonstances de son dessein ; il aurait chargé quatre de ses gens de le conduire jusqu'à Dieppe, où ils l'auraient forcé de s'embarquer pour l'Irlande, en le menaçant de le mettre entre les mains de la justice, s'il eût entrepris de leur causer de l'embarras par la moindre résistance.

Cette manière de se venger ne blessant aucune loi, je n'aurais pas fait difficulté de l'approuver ; mais les évènemens prirent un autre cours. Le comte n'était remonté que depuis un instant, lorsque milord Linch parut à la porte. La vue de douze ou quinze chevaux, qu'on n'avait pas eu le temps de mettre à l'écart, et celle d'une multitude de domestiques qui était en mouvement dans la cour, lui fit renaître toutes les idées dont mon valet s'était efforcé de le remplir à St. Germain. Il ne douta point que ce ne fût autant d'archers de la Maréchaussée, qui s'étaient rendus à Chatoux pour le surprendre. Cette pensée lui fit prendre le parti de s'enfuir avec toute la vitesse de son cheval, en criant à ses gens de le suivre. D'un autre côté, ceux du comte, qui s'aperçurent de son évasion, et qui furent au désespoir de n'avoir pas exécuté plus heureusement les ordres de leur maître, se persuadèrent que pour réparer leur négligence, il fallait se mettre aussitôt sur ses traces, et ne rien épargner pour le joindre. Leurs chevaux étaient prêts. Ils partirent en tumulte, et coururent à bride abattue du côté qu'ils entendaient encore le bruit des fugitifs.

Nous ne fûmes avertis de cet incident qu'après leur départ. Le comte, fort affligé de voir échapper sa proie, et plus alarmé encore de la résolution de ses gens, dont il n'était pas sûr que le zèle fût accompagné d'autant de prudence, demeura dans une extrême consternation jusqu'à leur retour. N'étant pas plus tranquille au fond du cœur, j'étais surpris que mon frère parût seul sans agitation, que, gardant même le silence sur tout ce qui se passait à ses yeux, il semblât affecter de n'y prendre aucune part. Je lui en marquai de l'étonnement. Il me répondit, en souriant, que j'ignorais combien le rôle qu'il avait à soutenir était délicat. Vous ne savez pas, me dit-il, qu'outre le consentement que j'ai donné par écrit au mariage de ma sœur avec Linch, ce téméraire eut l'adresse, avant-hier, de m'engager dans une nouvelle démarche, qui se trouve aujourd'hui contraire à toutes mes inclinations. M'ayant fait valoir tous les avantages qu'il était résolu de faire à ma sœur, il m'en donna les articles signés de sa main, et il y joignit pour moi deux mille écus de pension, qu'il s'engagea à me faire payer pendant toute ma vie. Il est vrai, continua Georges, qu'ébloui par ces promesses, et n'ayant point entendu parler de vous depuis plusieurs jours, je confirmai la parole que je lui avais donnée de ne pas m'opposer à ses prétentions; et de plusieurs voies qu'il me proposa encore pour les faire réussir, je n'exceptai que la violence. C'est de là, apparemment, qu'il a pris occasion de renouveler ses instances à la Cour de St.-Germain. Vous ne devez pas douter, ajouta mon frère, que je ne mette une différence extrême entre le comte et lui, et que mon penchant ne s'accorde à présent avec le vôtre; mais, lié comme je le suis par mes promesses, je trouve de l'embarras dans ma situation, et je souhaiterais du moins, pour me croire autorisé à les rompre, que Linch n'eût pas été fidèle à toutes les siennes.

Pendant qu'il me tenait ce discours,

et que je préparais facilement ma réponse, on nous annonça l'arrivée d'un messager de M. de Sercine. Ce gentilhomme s'était souvenu que je l'avais prié instamment de nous faire savoir les intentions du Roi, et de quelle manière Sa Majesté aurait reçu ma réponse. Rien n'était plus capable de nous prouver l'honnêteté de ses vues, que le soin qu'il prenait de nous donner une satisfaction si prompte. Il nous faisait dire, qu'ayant rendu compte de nos sentimens à Sa Majesté, elle avait paru offensée de la hardiesse de milord Linch, qui lui avait toujours fait entendre que les obstacles venaient uniquement de moi, et que l'inclination de ma sœur était contrainte. Le messager ajouta que le Roi nous laissait libres, et, que mécontent de la conduite de Linch, il lui avait ordonné de quitter incessamment la France. Cette explication, qui servait encore à nous assurer que dans quelque dessein que milord Linch fût venu à Chatoux, M. de Sercine ignorait ses vues, acheva de nous ôter toutes nos défiances, et mon frère même se crut moins lié à Linch, en apprenant que ses intentions et sa conduite n'étaient pas approuvées à la Cour. Mais un nouvel incident le confirma tout d'un coup dans cette disposition. Une partie des gens du comte s'étant fait entendre dans la cour, il n'y eut personne à qui la curiosité ne fît souhaiter aussitôt de savoir ce qui leur était arrivé. Le comte, qui était descendu au premier bruit, nous amena au même moment le cocher de Linch, qui avait été arrêté avec sa chaise. Quelques menaces l'ayant disposé à parler sans déguisement, il nous confessa que le projet de son maître avait été d'enlever ma sœur dans cette voiture, et de la conduire ainsi jusqu'à la mer, où il avait déjà envoyé un de ses gens, pour y tenir un vaisseau prêt à son arrivée. Dans la crainte de trouver quelque difficulté sur la route, il avait pris la résolution de ne marcher que la nuit, et de s'arrêter pendant le jour dans des lieux écartés. La chaise avait été remplie de vivres, et de toutes les provisions qui pouvaient soulager ma sœur dans une marche si incommode. Quelque témérité qu'il y eût dans cette entreprise, la suite de mon récit ne vérifiera que trop qu'elle n'était pas impossible. Linch aurait ainsi triomphé des dégoûts de la malheureuse Rose. A la vérité, il n'aurait pas joui long-temps du fruit de son crime. La seule relation du péril qu'elle venait d'éviter, la fit tomber dans un évanouissement si profond, qu'il nous fit craindre quelque chose pour sa vie. Qu'aurait-ce été de se voir arracher sans ressource à tout ce qu'elle aimait, pour tomber entre les mains d'un homme qui lui avait toujours été odieux ?

J'étais curieux d'apprendre comment le ravisseur avait pu échapper à ceux qui avaient arrêté sa chaise. Ils nous racontèrent qu'ils l'avaient serré de fort près, mais que la vitesse de ses chevaux, qui étaient d'excellens coureurs d'Angleterre, l'avaient bientôt dérobé à leur vue et à leurs poursuites. Une si vive alarme nous fit croire que l'amour avait cédé à la crainte; et que que nous n'avions plus d'insulte à redouter de ce côté-là. Mon frère fut le premier à me dire qu'après une entreprise si contraire à leur dernier traité, il se croyait quitte de toutes ses promesses. Nous délibérâmes sur le parti qui nous restait à prendre. Quoiqu'il y eût peut-être moins de danger que jamais, pour Rose à retourner à Paris, nous ne pûmes nous défendre contre les instances du comte, qui nous pressait de nous rendre à sa terre. Mais il nous parut qu'avant notre départ, le devoir obligeait mon frère d'aller faire sa cour au Roi, pour achever de nous concilier la protection de ce prince, en lui rendant compte de tous les procédés de milord Linch. La nuit n'était pas si avancée qu'il ne pût espérer de paraître encore au coucher; et cette heure était d'autant plus favorable, que, dans les premiers jour de sa liberté, la bienséance ne lui permettait pas de se montrer ouvertement. On lui avait recommandé cette précaution, et l'on avait même exigé qu'il changeât de nom aussi long-temps qu'il continuerait de demeurer en France; de sorte qu'au lieu de se faire nommer le comte de...., comme il avait fait jusqu'alors, il prit le nom supposé de milord Tenermill.

Pendant deux heures que dura son absence, j'aurais souhaité de pouvoir entretenir le comte de S.... sur quantité de points importans dont je ne voulais point décider sans sa participation. Mais il me fut impossible de le séparer un moment de ma sœur. Ces deux tendres amans, libres enfin pour la première fois, ne connaissaient rien de plus important que la satisfaction de se regarder, et de recevoir de la bouche l'un de l'autre, les assurances du bonheur qu'ils désiraient depuis si long-temps. Ma présence servant comme à soulager la modestie de Rose, je remarquai qu'elle ne paraissait pas moins touchée que son amant, et que l'interruption que je voulais apporter à leurs plaisirs ne lui aurait pas causé moins de chagrin qu'à lui. Ainsi mon unique rôle, jusqu'au retour de mon frère, fut de les voir et de les entendre; et n'ayant en effet rien de plus cher que le contentement de Rose, j'étais pénétré de joie moi-même de la voir heureuse, sans aucun risque pour son innocence.

Mon frère, à qui je ne donnerai plus d'autre nom que celui qu'il venait de prendre, et sous lequel il s'était présenté au Roi, revint si satisfait de son voyage, qu'il nous communiqua aussitôt l'air de joie avec lequel nous le vîmes paraître. Il avait fait à ce prince un récit fidèle de notre aventure, qui l'avait disposé à condamner de nouveau les violences de Linch, et à nous promettre toutes les faveurs qu'il aurait occasion de nous accorder. Sensible même à l'attention que nous avions eue de prendre ses ordres avant que de nous éloigner de Chatoux, il nous faisait offrir un détachement de ses gardes pour la sûreté de notre route; et félicitant mon frère sur la liberté qu'il venait d'obtenir, il lui avait promis de s'employer à la Cour pour lui faire restituer sa compagnie et notre petite terre des Saisons. M. de Sercine, à qui milord

Tenermill n'avait pas manqué de faire aussi quelques politesses, nous faisait assurer, sans exception, de son amitié et de ses services, et nous suppliait d'user de sa maison comme si elle nous eût appartenu.

Des nouvelles si agréables ayant dissipé tout ce qui pouvait nous rester d'inquiétude, nous aurions accepté pour le reste de la nuit l'offre de M. de Sercine, si nous n'eussions considéré que, pour rendre le secret de notre retraite plus impénétrable, il était à propos de nous y faire conduire dans l'obscurité. Ainsi, nous étant déterminés sur-le-champ à partir, nous jugeâmes qu'il était même inutile de nous faire accompagner par d'autres domestiques que ceux qui étaient nécessaires au carrosse, ou que ceux du moins que le comte avait déjà mis dans sa confidence. Les autres furent laissés à Chatoux, pour y garder jusqu'au lendemain le cocher de Linch, avec ordre de lui rendre la liberté vers le milieu du jour, c'est-à-dire dans un temps où il nous importerait peu quel récit il pourrait faire à son maître.

Notre route fut courte et heureuse. Le jour, qui commençait à luire lorsque nous arrivâmes au château du comte, nous fit observer que nous allions être à couvert de toutes sortes de craintes dans une maison si vaste et si bien défendue par sa situation. Rose fut extrêmement sensible aux complimens flatteurs du comte, qui la pria de se regarder d'avance comme la maîtresse absolue de tout ce qui était autour d'elle. Cette protestation ne pouvait lui paraître incertaine avec la juste assurance qu'elle avait d'être aimée. Tout le monde ayant besoin de repos à la fin d'une nuit si agitée, on ne pensa qu'à se retirer dans les appartemens que le comte nous avait fait préparer. J'étais déjà dans le mien, et je commençais à juger, par le silence qui régnait dans la maison, que chacun se disposait au sommeil, lorsque j'entendis frapper doucement à ma porte.

J'ouvris, et si je fus étonné d'y apercevoir le comte, je le fus encore plus du discours qu'il me tint.

Vous êtes enfin dans un lieu sûr, me dit-il, vous y êtes le maître; et tout ce que je laisse ici de gens sont d'un caractère si éprouvé, qu'ils se feront une étude de vous respecter et de vous obéir. Je pars avec toute la satisfaction que je m'étais promise, certain du cœur de la belle Rose et de votre amitié, qui sont les deux biens auxquels tout le bonheur de ma vie est attaché. Vous partez? interrompis-je avec surprise. Oui, reprit-il, et je me fais cette violence sans regret. C'est à cette condition que je vous ai pressé d'accepter cette retraite chez moi, et je comprends que dans les premiers jours de mon deuil, la bienséance ne me permet pas d'être ici plus long-temps qu'il ne faut pour vous y recevoir. Si votre complaisance m'empêche de me le représenter, mon devoir ne m'oblige pas moins d'y faire attention. Je vous laisse, ajouta-t-il, des chevaux, des voitures, toutes les commodités que j'ai pu m'imaginer. Regardez-les comme à vous; et n'épargnez pas davantage mes services à Paris, où je vais attendre vos ordres, jusqu'à ce que la tyrannie de l'usage me rende la liberté de reparaître ici pour vous les demander moi-même.

J'admirai cette délicatesse dans un amant si passionné; et mon estime se fortifiant autant que mon amitié, je lui confessai en l'embrassant que je croyais ma sœur trop heureuse d'avoir acquis tant de pouvoir sur un cœur tel que le sien. Mais comme il se disposait sérieusement à me quitter, je le priai de me soulager d'un embarras où l'envie de l'obliger m'avait jeté, et que la situation où il me laissait allait beaucoup augmenter. Non-seulement, lui dis-je, j'ai caché à Rose et à mon frère les dernières dispositions de des Pesses; mais n'ayant pas eu un moment de liberté depuis sa mort, je n'ai pas fait la moindre démarche pour assurer ou pour éclaircir nos droits. J'ignore les formalités de la justice, et je suis arrêté d'ailleurs par des scrupules sur lesquels il est nécessaire que je consulte du moins mon frère. Rendez-moi, continuai-je, la parole que je vous ai donnée de me taire; car autant qu'il m'est impossible de finir, par mes seules lumières, une affaire qui surpasse mes forces, autant il sera difficile que je la communique à mon frère, sans faire naître quelque soupçon à Rose, qui s'alarmera de nous voir garder des apparences de mystère. Le comte m'interrompit pour m'assurer qu'il s'était fort occupé de tout ce que je lui représentais, et qu'il avait trouvé une ouverture si heureuse, qu'il ne voulait point remettre plus long-temps à me la communiquer. Si vous avez négligé, reprit-il de faire les démarches nécessaires, il faut réparer incessamment cette négligence; et, sur la moindre procuration de votre sœur, je me charge de faire expédier promptement tout ce qui peut vous causer quelque difficulté; vous pouvez l'obtenir d'elle, sans lui expliquer à quel usage vous la destinez. Pour ce qui regarde milord Tenermill, continua-t-il, rien nous est-il si facile que de l'engager au silence par la seule considération de son intérêt? Il est sans bien. Laissons-le jouir de l'héritage de des Pesses, aussi long-temps que la fortune lui rendra ce secours nécessaire. Le comte me regardait en achevant cette proposition ; et ma lenteur à répondre lui persuadant que je l'approuvais, il me pressa de dresser sur-le-champ une procuration, et de la faire signer à ma sœur. Mais quoique j'eusse trouvé effectivement quelque chose de spécieux dans son projet, je le priai de me laisser quelques jours pour y réfléchir, et tout ce que j'accordai à ses instances fut une nouvelle promesse de cacher encore à ma sœur ce que le tendre des Pesses avait fait pour elle. Cependant les notaires m'ayant parlé de la levée du scellé comme d'une nécessité pressante, j'allai sur-le-champ chez Rose, et je lui fis signer, sur ma parole, une procuration en blanc, que j'abandonnai au comte, pour la faire remplir suivant l'usage, en lui confiant le testament de des Pesses et tous les papiers qui pouvaient autoriser ses soins.

Il me quitta. J'employai une partie de la nuit à méditer sur sa proposition. Si elle faisait honneur à la générosité de son caractère, elle me paraissait injuste pour Rose, à qui elle ravissait le mérite de faire elle-même à son frère un avantage qu'elle n'eût été que trop portée à lui accorder. D'un autre côté, je voulais me délivrer de mes doutes sur la justice d'une succession à laquelle il ne me paraissait point que la volonté même de des Pesses eût assez fondé nos droits. J'attendis impatiemment le réveil de mon frère, et je le fis avertir secrètement que je voulais l'entretenir sans témoins.

S'étant rendu à ma chambre avec autant d'empressement que j'en avais de lui parler, j'interrompis ses félicitations sur notre bonheur, pour le prier d'entrer dans une conversation plus sérieuse. Vous avez appris, lui dis-je, le malheur de des Pesses; mais vous ignorez que le Ciel l'a fait tourner à notre avantage. Cet infortuné jeune homme a laissé, en mourant, tout son bien à votre sœur. Quoique sa volonté fût libre, et que ces sortes de dispositions ne soient condamnées par aucune loi, je vous avoue, continuai-je, qu'en examinant les circonstances qui ont précédé son testament, j'y trouve la matière d'un important scrupule. Des Pesses se croyait aimé de Rose. Il a témoigné, par ses dernières paroles et par quelques lignes que j'ai reçues de sa main, qu'il emportait cette pensée en expirant. C'est sans doute à la force d'une idée si flatteuse que nous devons les avantages qu'il nous a faits. Sommes-nous en droit de les recueillir, lorsque nous sommes certains qu'ils portent sur une fausse supposition? Votre sœur n'en est pas encore informée. J'ai voulu vous ouvrir auparavant mon cœur, et vous proposer mes doutes. Vous avez de l'honneur. Consultez-vous. C'est de votre décision que je veux faire dépendre ici notre conduite.

Dans toute ma vie j'ai eu peu d'occasions de connaître aussi clairement le fond du caractère de Georges. Sans paraître ému de l'heureuse nouvelle que je lui annonçais, il tourna toute son attention sur la difficulté qui paraissait m'arrêter. Votre scrupule est juste, me dit-il, et je l'ai senti comme vous au premier coup d'œil. Cependant il reste à examiner si c'est par quelque complaisance affectée de la part de Rose, ou par quelque indulgence peu sincère de la vôtre, que des Pesses s'est flatté en mourant d'être aimé ; car vous n'étiez pas les maîtres de lui ôter une pensée qui a servi peut-être à lui faire trouver quelque douceur dans les derniers momens de sa vie, et la pitié même aurait dû vous en empêcher, si ce change-eût dépendu de vous. Il me paraît donc, ajouta-t-il, que le seul cas où vous pourriez craindre d'accepter les bienfaits de des Pesses, serait celui où vous auriez employé quelques voies indignes de vous pour vous les procurer.

Cette décision me parut si juste, que j'embrassai milord Tenermill avec ardeur, pour le remercier de la liberté où il mettait mes sentimens. Vous devez sentir, lui dis-je, les obligations que nous avons à des Pesses, et rendre du moins après sa mort la justice que vous devez à son mérite. Que direz-vous, ajoutai-je, si c'est vous qui êtes destiné à recueillir le premier fruit de ses libéralités? et, lui racontant toutes les propositions du comte, je le jetai dans un embarras beaucoup plus grand que celui dont il m'avait fait sortir. Votre discours m'étonne, me dit-il après quelques momens de réflexion, et je confesse qu'au milieu de quelque bizarrerie, j'aperçois, dans le procédé du comte, un fond admirable de délicatesse et de générosité. Mais, en le supposant assez riche pour mettre Rose en état de se passer du bien que des Pesses lui a laissé, il ne me suffit pas qu'elle n'en ait rien à souffrir; il faut qu'elle y consente formellement; sans quoi rien ne me fera consentir moi-même à jouir du bien d'autrui sans titre et sans aveu. Je ne pus condamner un sentiment si noble. Cependant la difficulté que je prévoyais à concilier tant d'intérêts différens me fit insister sur la complaisance que nous devions au comte, et par conséquent sur la nécessité de cacher à Rose la disposition de des Pesses. Quel usage aurions-nous fait de son revenu pendant qu'elle l'aurait ignoré ? Milord Tenermill me répondit que le comte pouvait prendre possession de son bien en l'épousant, et que, le gouvernant lui-même à son gré, il serait le maître d'en informer son épouse lorsqu'il le jugerait à propos.

Il ne me restait qu'une objection : Mais avec tant de délicatesse, comment avez-vous consenti, lui dis-je, à profiter avec nous de l'offre que le comte nous a faite de sa maison ? Il comprit tout d'un coup ma pensée : Vous vous trompez, me répondit-il, si vous vous êtes figuré que j'en profiterai long-temps. Je passerai ici quelques jours avec la confiance que je dois à l'amitié d'un homme qui doit épouser ma sœur, et qui m'a lié éternellement à lui par le service qu'il m'a rendu; mais si je suis sans biens, je ne suis pas sans espérances, et j'ai assez de ressources dans ma naissance et dans mon courage pour attendre quelque chose de la fortune. Ainsi, avec le jugement le plus droit et les sentimens les plus généreux, milord Tenermill conservait toujours un fond de hauteur mal entendue, qui me parut d'un augure dangereux pour son établissement. Cependant je m'imaginai que les instances du comte pourraient le retenir avec nous malgré lui, du moins jusqu'au mariage de sa sœur, après lequel il serait encore plus aisé de le faire entrer dans certaines vues que j'avais toujours eues pour sa fortune, et qui pouvaient être soutenues fort heureusement par celle de R⸺. Sans choquer ses idées, je me réduisis à lui recommander le silence sur tout ce que je venais de lui communiquer.

Cette conversation ne laissa pas de contribuer beaucoup au repos de mon esprit par la juste guérison des scrupules d'honneur qui m'avaient arrêté. Je me hâtai de voir Rose, et je lui donnai des marques de joie qui confirmèrent la sienne. Nous passâmes près de quinze jours dans cette agréable situation, maîtres absolus d'une des plus belles maisons du monde, et servis avec autant de respect que de zèle. Tous les jours il nous venait un messager du comte, qui nous apportait de ses nouvelles, et qui retournait chargé des nôtres. Dès le lendemain de son départ, il m'avait marqué que l'affaire du scellé était terminée heureusement, et que les effets de des Pesses étaient dans un lieu sûr, dont j'aurais la disposition en arrivant à Paris. Je fis voir cette lettre à milord Tenermill; et, dans le besoin où il était de mille choses nécessaires, je lui proposai d'user librement de quelques sommes qui s'étaient trouvées dans le cabinet de des Pesses. Il rejeta encore cette offre, en protestant que la misère même ne le ferait pas toucher au bien de Rose sans sa participation.

Jacin, que j'avais envoyé plusieurs fois à Paris, pour s'informer des démarches de milord Linch, m'ayant assuré qu'il ne s'était pas fait voir dans son quartier, et que tous ses gens mêmes ayant disparu depuis l'aventure de Chatoux, on était persuadé qu'il était repassé en Irlande, je ne vis plus aucune raison qui pût m'empêcher de quitter ma sœur pour quelques jours, et d'aller où ma présence me paraissait nécessaire. Avec le motif de rendre quelques civilités au comte, j'avais celui de m'ouvrir à lui sur la situation de mon frère, qui parlait à tous momens de partir pour l'Allemagne, où son dessein était d'aller solliciter de l'emploi dans les armes. J'avais remarqué qu'il supportait sa mauvaise fortune avec une impatience extrême, et qu'affligé surtout de se trouver hors d'état de paraître à Saint-Germain, son humeur en était devenue si chagrine, qu'il cherchait continuellement la solitude. Ma seule sensibilité pour ses peines m'aurait porté à tout entreprendre pour les soulager; mais je pensais d'ailleurs à l'arrêter en France, où je ne croyais pas sa fortune aussi désespérée qu'il se le figurait ; et n'ayant pu réussir à lui faire accepter le secours que je lui avais offert, je voulais concerter avec le comte quelque moyen de les lui faire goûter malgré lui. Je partis en lui recommandant ma sœur, et sûr du moins qu'étant chargé d'un dépôt si cher, il n'exécuterait point ses résolutions avant mon retour.

J'allai descendre dans mon ancien logement, où j'appris, pour unique nouvelle, qu'une jeune dame, dont on ignorait le nom, était venu me demander plusieurs fois, et qu'elle avait continué d'envoyer chaque jour un de ses gens pour s'informer si j'étais arrivé. Cet empressement, d'une personne inconnue, n'ayant rapport à rien qui pût me causer de l'inquiétude, je ne pensai qu'à me rendre chez le comte de S..... Ma visite le combla de joie. Il pensait lui-même à venir passer quelques momens avec nous dans sa terre, pour nous communiquer de nouveaux fruits de son affection et de son zèle. Il avait employé avec tant de bonheur les mêmes amis qui avaient obtenu la liberté de mon frère, que notre terre des Saisons et tout ce qui nous avait été enlevé dans la première confiscation, venaient de nous être restitués. Il ajouta qu'il n'était pas sans espérance d'obtenir de l'emploi pour milord Tenermill dans un régiment étranger; et il me fit voir quelques lettres qui portaient déjà une espèce de certitude. Pour l'héritage de des Pesses, comme une affaire de cette importance demandait des mesures plus lentes, et qu'il avait fallu dépêcher à Bordeaux un homme de confiance dont il attendait le retour, il ne put me donner des éclaircissemens qu'il n'avait point encore ; mais ayant consulté quantité d'habiles gens sur la validité du testament, il en croyait le succès certain, et il me mit d'avance en possession des effets de des Pesses, qu'il avait retirés chez lui, dans un cabinet dont il m'abandonna la clef.

Il me parut inutile de lui parler des embarras de milord Tenermill, puisque la restitution de notre terre et des autres biens que la justice avait confisqués, suffisait pour me rendre tranquille de ce côté-là. Mais n'étant pas fâché de connaître le fond de ses vues à l'égard de ma sœur, je cédai à l'impatience qu'il marquait de passer à cet article. Il fut le premier à me parler de son mariage, et à me demander quelles bornes je voulais imposer à la mortelle violence qu'il s'était faite depuis quinze jours : Je me suis jugé moi-même, ajouta-t-il, avec une rigueur dont je ne puis me repentir, si elle a servi à me conserver votre amitié et votre estime ; mais qu'elle m'a coûté d'efforts, et qu'il me tarde de voir finir l'exil auquel je me suis condamné ! Je lui répondis naturellement qu'étant mal instruit des usages de France, je ne me croyais point capable de décider ces difficultés ; mais que j'étais d'avis qu'il devait prendre là-dessus les conseils de ses amis, auxquels rien ne l'empêchait plus de communiquer son dessein. Votre jeunesse, lui dis-je en souriant, et l'âge avancé de l'épouse que vous avez perdue, vous mettent peut-être en droit de raccourcir un peu les bienséances. Nous passâmes ainsi une partie du jour à nous entretenir de ce que je désirais avec autant d'ardeur que lui. Il ne put me déguiser, dans le cours de notre entretien, qu'il lui était survenu quelques affaires chagrinantes; mais je n'eus pas l'indiscrétion de vouloir les approfondir : Se flattant, me dit-il, qu'elles seraient bientôt terminées, il allait prendre toutes les mesures que son deuil commençait à lui permettre pour l'avancement de ses espérances. Nous nous quittâmes avec toute la satisfaction de deux cœurs droits et sincères, qui faisaient un égal fond l'un sur l'autre, et qui avaient le même empressement de se voir bientôt unis par des liens encore plus étroits.

Mon dessein était de rejoindre promptement milord Tenermill et ma sœur, auxquels je n'avais à porter que d'heureux fruits de mon voyage. Je me rendis chez moi, dans la résolution de partir aussitôt. En arrivant à ma porte, je la trouvai embarrassée par un équipage fort leste dont la livrée était en deuil ; et Jacin, qui était à m'attendre, m'apprit que la jeune dame qui m'avait fait demander si impatiemment depuis plusieurs jours, était venue sur la nouvelle qu'elle avait eue de mon arrivée à Paris, et qu'elle avait pris le parti de se faire ouvrir ma chambre, où elle avait mieux aimé s'ennuyer pendant trois ou quatre heures, que de manquer l'occasion de me voir. Je me hâtai de me présenter à elle, sans pouvoir m'imaginer ce que je devais attendre de cette visite. Sa figure me surprit : Rose et l'épouse de Patrice, qui étaient jusqu'alors ce que j'avais vu de plus charmant dans leur sexe, ne l'emportaient point sur tout ce que j'aperçus d'un seul coup-d'œil. Mon admiration fut même assez forte pour me faire lever plusieurs fois les yeux sur tant de charmes, et je les baissai avec le même étonnement. L'inconnue était dans les habits du deuil le plus profond ; et me recevant avec autant de modestie que de grâce, elle me remit une lettre dont elle me dit qu'elle était chargée pour moi : je remarquai qu'elle n'avait pu prononcer ces quatre mots sans répandre quelques larmes. Je la pressai de s'asseoir, et ne lui demandant point d'autres explications dans l'embarras où j'étais, je m'assis vis-à-vis d'elle, en la priant de m'accorder la liberté d'ouvrir ma lettre.

Je reconnus aussitôt la main de Patrice. Ma curiosité n'ayant fait qu'augmenter avec mon trouble, je parcourus avidement ce que j'avais devant les yeux. Les derniers avis de des Pesses étaient revenus tout d'un coup à ma mémoire; et, quoiqu'au moment que je les avais reçus, ils n'eussent fait sur moi qu'une impression passagère, qui avait encore été diminuée par les agitations que j'avais essuyées continuellement, je me les rappelai avec d'autant plus de crainte, que des circonstances si lugubres semblaient en être la suite. J'avais écrit néanmoins à Patrice depuis mon arrivée à Paris; mais ma lettre ne contenait que le récit de mon premier démêlé avec Linch, et de la situation où j'avais trouvé ma sœur; je n'avais reçu de lui aucune réponse. Enfin, quelque fond que j'eusse toujours fait sur son caractère, je commençai à craindre ce que des Pesses m'avait annoncé d'une manière obscure, et ce que ma prévention, en faveur d'un frère si raisonnable et si vertueux ne m'avait jamais permis d'appréhender.

Cependant ce que je trouvai de plus surprenant pour moi dans sa lettre, fut le nom de la jeune personne qu'il m'adressait : je relevai brusquement les yeux sur elle, avec les marques d'une vive inquiétude, et je fus encore plus frappé de la situation où je l'aperçus. Elle tenait son mouchoir serré contre son visage, autant pour arrêter ses soupirs, que pour cacher ses pleurs. Je lus deux fois son nom, doutant si je ne m'étais pas trompé à la première : c'était mademoiselle de L..., l'ancienne maîtresse de Patrice. Il me conjurait, en peu de mots, mais avec toute la force que le sentiment peut donner aux expressions, de prendre pour elle une partie de l'affection que j'avais pour lui;

et puisqu'un sort si cruel, disait-il, m'avait fait servir d'instrument à sa ruine, il recommandait du moins à mon amitié et à mes soins une personne qui avait dû faire autrefois son bonheur. Les services qu'il me demandait pour elle, étaient de l'aider de mes conseils, et surtout de la mettre en liaison avec Rose, dont elle était déjà connue, et de qui il était certain, ajouta-t-il, qu'elle serait bientôt tendrement aimée.

Cette proposition m'ayant paru fort innocente et digne même de la bonté naturelle de Patrice, je revins aussitôt de mes alarmes. Loin de me trouver gêné de la visite de mademoiselle de L..., je m'applaudis de l'occasion qu'elle me présentait de la connaître; et, pour expliquer tout-à-fait ce que j'ai déjà touché légèrement, ce n'était pas la première fois que j'eusse pensé à elle depuis que milord Tenermill avait obtenu la liberté. Mes propres réflexions m'avaient fait souvent regretter qu'elle fût hors de France; et regardant l'inclination qu'elle avait eue pour Patrice, comme une disposition à se prévenir facilement en faveur de son frère, je m'étais flatté que s'il eût pu la voir, et lui rendre des soins, il eût réussi sans peine à faire prendre vers lui le même cours à ses sentimens; son absence même ne m'avait pas empêché de nourrir cette pensée. Il aurait toujours été facile à milord Tenermill de faire le voyage d'Allemagne aussitôt qu'il aurait connu le lieu de sa demeure; il aurait pu se procurer l'occasion de la voir, et se ménager insensiblement son affection, pour le temps du moins où elle aurait eu la liberté de disposer d'elle-même; enfin, telles étaient les vues d'établissement que j'avais pour lui, quoique diverses raisons ne m'eussent point encore permis de lui en faire l'ouverture.

Avec ces idées, qui se joignirent au motif d'obliger Patrice, et à la pitié même dont je ne pus me défendre pour l'aimable fille que j'avais devant mes yeux, je ne pensai point à m'endurcir contre ses larmes; ma curiosité fut seulement d'en apprendre la cause, et celle du lugubre habillement où je la voyais. Ne doutez pas, lui dis-je, avec tout ce que je pus mettre de douceur dans mes regards et dans mes termes, qu'une lettre aussi pressante que celle de mon frère, ne vous assure toutes sortes de droits sur mes plus ardens services. J'entre déjà du fond du cœur dans les chagrins qui paraissent vous affliger; et si je ne craignais de les aigrir par une indiscrétion, je vous demanderais de qui cet habit doit m'apprendre que vous pleurez la perte.

Hélas! me répondit-elle, en essuyant ses larmes qui recommençaient à couler aussitôt malgré elle, ce que je pleure ne me sera jamais rendu; puis s'arrêtant un moment, comme si elle eût changé d'idées : Mon deuil, reprit-elle, car c'est la seule de mes pertes que vous puissiez ignorer, est pour la mort de mon père, que j'ai perdu il y a deux mois : c'est un malheur auquel la tendresse de la nature a dû me rendre sensible; et ce n'est point dans les richesses qu'il m'a laissées, que j'espérais trouver de la consolation. Mais il ne m'en reste plus à prétendre, puisque celle que je désirais uniquement, et que je comptais de trouver ici, m'est ravie sans ressource. Elle se mit là-dessus à pleurer amèrement : je compris ce qu'elle n'osait me dire avec plus de clarté ; et voulant éloigner des explications qui n'auraient pu manquer de me causer de l'embarras, je me bornai à lui demander comment elle avait pu recevoir des nouvelles de mon frère. Mais elle s'enhardit, par cette question même, à s'expliquer plus clairement. Ce n'est point avec vous, me dit-elle, que je veux déguiser l'horreur de mon sort : j'aime votre frère ; je croyais en être adorée. Eh! je l'étais aussi, reprit-elle en s'interrompant : il n'y avait point d'artifice à craindre d'un caractère tel que le sien : il m'avait renouvelé sa foi peu de jours avant mon départ de France : je lui avais donné la mienne. Cette pensée a soutenu ma constance et ma joie même, pendant près d'un an que j'ai passé en Allemagne. Mon père était dans un âge qui ne lui promettait plus une longue vie ; j'ai résisté, jusqu'à sa mort, à toutes les sollicitations qu'il m'a faites de recevoir un mari de sa main ; et, contente de moi-même, avec la résolution où j'étais de ne rien entreprendre pendant sa vie contre ses volontés, j'attendais sans impatience que l'ordre de la nature m'assurât la liberté de remplir mes engagemens.

Enfin mon père meurt, continua-t-elle, et je lui rends avec respect les derniers devoirs : libre désormais, je m'accorde une satisfaction sur laquelle mes idées de bienséance et de modestie m'avaient peut-être rendue trop réservée ; j'écrivis en France à votre frère ; je n'en raçois point de réponse. Dans le temps que ma prévention me fait tout expliquer à son avantage, et que je me dispose à quitter l'Allemagne, pour suppléer moi-même à ma lettre, que je me figurais arrêtée par quelque obstacle, un de ses amis arrive, me comble de joie en m'apprenant qu'il me cherche de sa part ; et, non moins transporté de me trouver telle qu'il avait dû

s'y attendre, part aussitôt pour l'Irlande, où il me dit que ses affaires l'avaient appelé, et qu'il brûlait de lui porter une nouvelle qui lui ferait repasser sur-le-champ la mer. Je le charge d'une lettre qui contenait tout le feu de mon cœur; et, me mettant en chemin pour la France, j'écris encore en Irlande sur la route, pour faire savoir à votre frère où je comptais de me loger à Paris. J'arrive dans cette ville : avec quelle ardeur n'attendais-je pas le jour que je croyais fixé par l'ordre du Ciel et par nos sermens. Hélas! il en est venu un qui aurait dû être le dernier de ma vie : je reçois une lettre avec celle que je viens de vous rendre, dans laquelle je trouve l'arrêt de ma mort écrit et signé de la main de votre frère. Le perfide!.....
Elle parut prête un moment à se livrer à toutes les fureurs d'une amante outragée; et revenant néanmoins à elle-même : Mais non, reprit-elle en redoublant ses pleurs, je ne l'accuse point de perfidie; je plains son sort autant que le mien, car il atteste le Ciel qu'il est le plus misérable de tous

les hommes; il me fait une peinture de ses peines, qui excite encore ma compassion. Sa lettre m'a percé le cœur : il me prie de m'adresser à vous, pour apprendre de vous-même par quel fatal enchaînement il est tombé, dit-il, dans un abîme inévitable; et il m'assure que vous me rendrez témoignage de ses sentimens. Dites-moi donc à qui je dois attribuer notre malheur : faites-moi comprendre comment on peut se trouver marié sans le vouloir, sans l'avoir prévu, sans perdre sa fidélité pour d'autres engagemens; enfin, comment on peut être perfide, et tenir le langage de la sincérité et de la constance. Mais dites-moi plutôt, ajouta-t-elle, en paraissant s'indigner contre elle-même, dites-moi comment ma folle crédulité m'aveugle encore sur le crime d'un parjure; quel fatal penchant me porte à le croire plus malheureux que coupable, et à gémir peut-être plus amèrement que lui de son infortune.

Elle se tut pour attendre ma réponse : les lumières qu'elle me demandait ne pouvant servir à soulager ses peines, et m'exposant à des mal entendus que je voulais éviter, toute mon étude fut de calmer son agitation par des politesses vagues, qu'elle pût prendre dans un sens favorable. Je l'assurai que Patrice était sincère, et que, dans la situation où il s'était trouvé, l'honneur lui avait fait une loi indispensable de la conduite qu'il avait tenue ; mais que loin d'avoir perdu les sentimens qu'il lui devait, il me les avait exprimés avec assez de force pour me les communiquer ; qu'indépendamment de sa lettre, où il me pressait instamment de les prendre, elle m'aurait trouvé prêt à lui en donner toutes sortes de témoignages : qu'elle trouverait infailliblement les mêmes dispositions dans ma sœur ; et que si son dessein était de la voir, je lui offrais cette satisfaction dès le même jour, en me chargeant de la conduire dans une campagne fort agréable où nous nous étions retirés. Elle accepta mes offres avec ardeur ; et comme si elle se fût flattée de tirer de Rose plus de consolation ou de lumières qu'elle n'en attendait de moi : elle n'ajouta pas un seul mot qui eût rapport au sujet de ses peines. M'ayant demandé à quelle heure je me proposais de partir, elle me promit de me venir prendre dans une voiture commode. Je lui expliquai en général les raisons qui me faisaient souhaiter qu'elle n'eût point une suite éclatante. Elle consentit à n'être acccompagnée que de sa gouvernante, qui était demeurée dans mon antichambre pendant notre entretien, et d'un seul laquais.

C'était une compagne aimable que je menais à ma sœur, et je trouvais aussi naturellement l'occasion que j'avais désirée de lui faire former quelque liaison avec milord Tenermill. Ces deux pensées me causant une égale satisfaction, je la vis revenir avec joie, et je lui renouvelai pendant la route les assurances de mon zèle et de mon estime. Elle parla peu, sa tristesse paraissait l'occuper tout entière. En arrivant, mon frère et ma sœur, qui la reconnurent aussitôt, s'empressèrent de lui faire toutes sortes de caresses; mais il lui tardait d'être seule avec Rose. Elle se déroba avec elle, et nous leur laissâmes la liberté qu'elles demandaient.

Je n'attendis point que milord Tenermill me marquât de la curiosité par ses questions. Je ne sais, lui dis-je en le prévenant, si nous serons une fois d'accord dans nos idées; mais je ne balance point à vous découvrir les miennes. Si je n'ai part à la visite de Mlle. de L... que par le consentement que j'ai donné à ses désirs et à celui de Patrice, qui me presse par ses lettres de la mettre en liaison avec Rose, je n'ai pas moins pensé que cette occasion pouvait tourner à votre avantage, et qu'avec un peu de complaisance et de soins, vous succéderiez aisément aux anciennes espérances de votre frère. Il m'arrêta. Je l'aurais pensé comme vous, me dit-il, si vous ne m'aviez appris les tourmens de Patrice; mais tous les charmes et toutes les richesses du monde ne me feront point trahir un frère que j'aime. Je lui avais raconté effectivement les circonstances du mariage de son frère. Il m'avait écouté sans me condamner ni m'applaudir. Mais je ne savais pas que Patrice, qui le croyait toujours à la Bastille, lui avait écrit directement, pour lui communiquer ce qu'il nommait sa funeste aventure, et que, lui ouvrant son cœur, il lui avait parlé de Mlle. de L.... comme de la seule personne qu'il pouvait aimer. Il me fit néanmoins cette ouverture pour justifier, me dit-il, un refus que j'aurais pu trouver bizarre; mais loin de nuire aux amours de son frère, il était résolu, ajouta-t-il, de le servir de tout son pouvoir.

Surpris d'une réponse qui me parut bien plus bizarre que son refus, je le pressai de m'accorder plus d'explication. Volontiers, reprit-il. Je connais Patrice trop honnête homme pour en user mal avec sa femme. L'estime et la reconnaissance sont des sentimens qu'il lui doit, et qu'il aura toujours pour elle. Mais si sa passion pour Mlle. de L.... est telle qu'il me la représente, qui l'empêche de repasser en France pour suivre les intérêts de son amour, et pour se rendre heureux, s'il le peut, avec une maîtsesse qui mérite en effet d'être aimée ? C'est le conseil, ajouta-t-il, que je lui ai donné dans ma réponse ; et je l'ai même exhorté à nous amener sa femme, qui trouvera aisément de quoi se consoler dans les amusemens de Paris.

J'avoue que ce criminel badinage échauffa mon zèle. Je m'étais fait violence depuis quelques mois pour fermer les yeux sur tout ce qui n'était pas ouvertement contraire à mes principes ; et convaincu, par l'expérience du passé, que la faiblesse naturelle demande de l'indulgence et des ménagemens, j'avais peut-être fait céder quelquefois la justice aux tendres égards de la charité. Mais ne voyant point ici d'apparence à la moindre conciliation, je demandai vivement au profane Tenermill, si c'était du fond du cœur qu'il me tenait ce langage. Loin de prendre occasion de mon mécontentement pour se rétracter, il continua de badiner sur le même ton, en me reprochant mes scrupules, qui me faisaient perdre, ajouta-t-il, le mérite de cent bonnes qualités aux yeux des honnêtes gens, et qui déshonoraient en un mot ma politesse et mon esprit. Changerez-vous les usages du monde, reprit-il ? Empêcherez-vous que ceux qui sont obligés d'y vivre, ne le soient aussi de se conformer à ses maximes ? Les vôtres sont admirables ; mais réservez-les pour vous-même. Pourquoi forcer Patrice, me dit-il encore, d'épouser une femme odieuse, si vous n'aviez aucun dédommagement à lui permettre ? Votre piété vous apprend-elle qu'un homme de son âge dispose si aisément de son cœur ? Ce discours, qui était accompagné d'un air riant et moqueur, me fit naître enfin autant de pitié qu'il m'avait d'abord causé d'indignation. Non, milord, non, lui dis-je du ton ferme et sérieux qui convient à la vérité, la religion n'apprend pas qu'il soit facile de vaincre les passions qu'elle condamne ; mais elle offre à tous momens des secours qui peuvent assurer la victoire. Malheur à ceux qui les méprisent. Je ne puis croire, ajoutai-je, que votre cœur soit d'accord avec votre bouche; et quand vous parlez du conseil que vous avez donné à votre frère, vous ne cherchez sans doute qu'à vous exercer l'esprit par un badinage. Il m'interrompit pour me protester avec quelques-unes de ces imprécations galantes qui sont en usage dans le beau monde, que rien n'était si sincère que ces sentimens; que je faisais tort à la religion, en lui attribuant les rigueurs qu'elle n'avait point; que le point d'importance pour de faibles hommes, était de rendre à Dieu ce qu'ils lui doivent; et qu'en s'acquittant d'un devoir si juste, on acquérait le droit de se tourner avec un peu de liberté vers les plaisirs qui conviennent à notre nature: qu'il ne voyait point, après tout, de quoi je voulais lui faire un crime; et que n'ayant point conseillé à Patrice de venir chercher la satisfaction de son cœur auprès de sa maîtresse, sans l'avoir exhorté à conserver toujours de justes égards pour son épouse, il ne lui avait proposé que l'usage commun des honnêtes gens, qui ne cherchent point à offenser le Ciel lorsqu'ils se procurent un plaisir qui n'est nuisible à personne; que si je voulais recevoir un bon conseil, je me déferais enfin de cette rudesse qui me faisait condamner tout ce qui ne s'accordait pas avec mes idées : qu'il fallait ou rompre tout-à-fait avec le monde, ou suivre ses usages. Enfin ce torrent d'éloquence profane ne se serait pas arrêté facilement, si, dans le chagrin d'entendre tant de misérables raisonnemens, je ne l'eusse interrompu à mon tour pour le prier de changer d'entretien. Il me restait peu d'espérance de lui inspirer d'autres principes, ou du moins ce ne pouvait être l'effet d'un moment d'entretien. J'avais même remarqué, depuis notre séjour à la campagne, qu'il était moins soumis que jamais aux vérités communes de la religion; et, surpris de lui trouver ce nouveau degré de dépravation, j'avais su adroitement de lui-même qu'il avait achevé de se corrompre l'esprit à la Bastille, par le commerce qu'il y avait lié avec un prisonnier français nommé l'*Abbé de la B*..., dont il vantait à chaque moment l'esprit et le savoir. Evitant donc de m'engager dans des discussions dont je n'attendais aucun fruit, je lui parlai du nouveau service que le comte de S.... nous avait rendu pour la restitution de nos biens confisqués, et je lui proposai de se rendre à Paris, autant pour remercier un ami si généreux, que pour jouir promptement du bienfait. Cette nouvelle lui causa tant de joie, qu'elle lui fit perdre le souvenir de tout ce qui venait de nous occuper. Il me quitta après quelques explications, pour se disposer à partir dès le jour suivant.

Si j'avais eu la force de me modérer dans notre entretien, je n'en eus pas assez pour me défendre du plus amer chagrin, en faisant réflexion sur le caractère de ce frère intraitable, et sur les effets que j'en pouvais craindre encore pour la ruine de mon repos. Il rejetait une proposition que tout autre aurait reçue avec empressement : c'était négliger ses propres intérêts ; et cette imprudence n'entraînait rien de fâcheux que pour lui-même ; mais quel affreux conseil avait-il donné à Patrice ? Et me rappelant tout-à-la-fois les derniers avis de des Pesses et le récit de mademoiselle de L.... Que ne pouvais-je pas craindre d'un autre caractère dont je connaissais, il est vrai, la bonté et la droiture, mais dans qui ces deux qualités mêmes m'étaient presque aussi suspectes que des vices ? Il me tardait de voir Rose mariée. Sur-le-champ j'aurais pris le parti de repasser en Irlande, pour confirmer la vertu chancelante de Patrice. J'aurais cru tous mes devoirs remplis, après avoir ainsi rendu mes soins à ceux qui ne refusaient pas de les recevoir. Je m'applaudis même de cette idée ; et ne me souvenant pas que les projets humains sont sujets aux mêmes révolutions que tout ce qui nous environne, je trouvai que mes nouvelles vues devaient suffire pour me rendre tranquille. Cependant j'avais reçu divers avis qui m'avaient déjà fait naître quelque pressentiment du malheur dont j'étais menacé. On avait vu plusieurs fois autour du château un inconnu à cheval, qui paraissait examiner curieusement les environs. Un autre s'était informé par qui il était habité. Ces circonstances, dont on m'avait averti et que j'avais communiquées à milord Tenermill, n'étaient pas capables de nous inspirer beaucoup de crainte. Nous avions des domestiques fidèles, des armes, et le secours toujours présent d'un hameau voisin, qui était rempli de gens résolus et dévoués au comte. La seule situation du château nous mettait à couvert des insultes nocturnes et imprévues. Mais s'il y avait peu de danger pour ma sœur, j'étais à la veille d'éprouver que notre sécurité pouvait être pernicieuse pour moi-même.

 Mademoiselle de L... ayant reparu avec Rose à l'heure du souper, je remarquai aisément que leur entrevue avait été triste et accompagnée de bien des larmes.

J'affectai néanmoins de ne pas témoigner que je m'en fusse aperçu; et ne voulant point entrer dans des confidences inutiles, je priai milord Tenermill de ne laisser rien échapper en ma présence qui pût m'y engager malgré moi. Il partit le lendemain. Les deux dames ne se quittèrent pas un moment pendant son absence; et le soin qu'elles avaient de chercher continuellement la solitude, me fit juger de quels intérêts elles trouvaient tant de douceur à s'entretenir. Trois jours s'étaient passés depuis le départ de mon frère, lorsque je le vis arriver en poste à l'entrée de la nuit. L'air de tristesse avec lequel il m'aborda me fit attendre quelque fâcheuse nouvelle. Je ne me trompais pas. Moins occupé de ses affaires, qu'il avait heureusement terminées, que de celles du comte, dont sa reconnaissance lui faisait partager les peines, il me prit aussitôt à l'écart; et me paraissant fort touché de ce qu'il avait à m'apprendre, il me raconta que les parens de feu madame la comtesse de S...

s'étaient présentés pour recueillir son héritage, sous prétexte que dans les longues infirmités qui l'avaient conduite au tombeau, elle n'avait pas eu la raison assez libre pour disposer légitimement de son bien ; et que voulant faire regarder son mariage même comme une action peu sensée, ils prétendaient faire casser et le contrat par lequel elle avait donné toutes ses richesses au comte, et le testament où cette disposition était confirmée. Les procédures étaient commencées lorsque j'avais fait le voyage de Paris, et c'était cet embarras qui troublait déjà le comte. Mais ses parties venaient d'obtenir un arrêt qui mettait tous ses biens en sequestre jusqu'à la conclusion du procès, et qui ne lui laissait que la jouissance de la terre où nous étions. Il ne m'avait pas communiqué son chagrin, parce qu'il n'en prévoyait point encore les suites, et qu'il espérait s'en délivrer avant que nous en fussions informés ; mais commençant à tout craindre pour sa fortune, il s'était ouvert le matin du même jour à mon frère. La perte de son bien l'alarmait beaucoup moins que l'intérêt de son amour. Il tremblait que sa disgrâce ne refroidît nos sentimens, et qu'il ne perdît avec ses richesses, tous les droits que nous lui avions donnés sur le cœur de Rose. Tenermill, à qui la générosité était une vertu naturelle, n'avait pas manqué de le consoler par les assurances d'une estime et d'un attachement qui seraient toujours à l'épreuve de l'adversité; mais en lui persuadant qu'il pouvait faire fond sur sa constance, il ne l'avait pas rassuré si facilement sur celle de ma sœur et sur la mienne. Il venait, à sa prière, pour sonder nos dispositions. En effet, il m'exhorta sérieusement, après avoir achevé son récit, à considérer que le mérite et la naissance devaient être préférés aux richesses, et qu'avec l'héritage de des Pesses, Rose n'avait à consulter que son inclination. Loin de condamner ce sentiment, je fus ravi de le voir porté de lui-même à ce que je me serais efforcé de lui faire approuver, s'il y eût marqué de la répugnance. En plaignant même l'infortune du comte, je sentis une joie secrette de voir nos situations changées, et de nous trouver en quelque sorte dans le pouvoir de faire pour lui ce qu'il avait fait si généreusement pour notre famille. Il n'était pas incertain si Rose entrerait dans les mêmes sentimens ; mais ne pouvant me résoudre à lui annoncer une nouvelle capable de l'affliger, sans y joindre aussitôt un juste motif de consolation, je me déterminai à lui parler du testament de des Pesses, que je lui avais caché par complaisance pour le comte. Tenermill approuva ma pensée, et jugea comme moi que les circonstances me dégageaient de ma promesse.

Rose n'entendit point la première partie de mon récit sans une vive douleur. Les larmes que je vis tomber aussitôt de ses yeux me firent comprendre mieux que jamais combien le comte lui était cher. Et se croyant peut-être menacée, à la fin de mon discours, de quelque déclaration contraire à ses désirs, j'observai avec quelle inquiétude elle attendait ma conclusion. Vous devez de la tendresse au comte, lui dis-je; et puisque les sentimens qu'il a pour vous ont toujours été indépendant de votre fortune, je ne doute point qu'avec la même générosité vous ne fermiez les yeux sur le malheur qui le menace, pour ne considérer que sa personne et son mérite. Elle n'attendit point que j'eusse fini; son cœur, flatté par un endroit si sensible, se livra au transport de sa joie : elle m'embrassa, en donnant à la tendresse les larmes qu'elle venait de donner à la douleur. Je ne différai pas plus long-temps à m'expliquer : Si vous êtes dans cette disposition, repris-je, vous n'apprendrez point sans plaisir que vous pouvez réparer les pertes du comte: votre fortune a dépendu de lui; mais la sienne est aujourd'hui dans vos mains. Des Pesses a mis le comble à ses bienfaits, en vous laissant l'héritage de tout son bien; je n'ai différé à vous l'apprendre, que pour satisfaire la délicatesse de votre amant, qui craignait qu'un bien qui ne vous serait pas venu de lui, ne lui dérobât quelque chose de vos sentimens. Ne doutez pas de ce que je vous assure, ajoutai-je en voyant qu'elle n'osait tout d'un coup me croire; je ne suis point capable de vous tromper.

Je me repentis de lui avoir fait cette ouverture avec si peu de précaution : me connaissant trop bien en effet pour se défier de ma sincérité, elle se remplit tellement de l'idée de son bonheur, que je la voyais trembler par un effet de l'agitation qui s'était répandue dans tous ses sens. Elle fut obligée de s'asseoir pour recueillir ses forces ; et jetant les yeux sur moi, lorsqu'elle ne put douter que je ne me fusse aperçu de cette révolution. Je serais bien humiliée, me dit-elle languissamment, si vous attribuiez mon émotion à quelque ardeur pour les richesses ; comme rien ne serait si éloigné de mes vrais sentimens, je vous accuserais sérieusement d'injustice. Mais je vous confesse, ajouta-t-elle avec un regard où la tendresse de son cœur était peinte, que j'aurai peine à modérer ma joie, s'il est vrai que je puisse ajouter quelque chose à la fortune du comte. Je l'assurai encore qu'elle était assez riche pour ne pas regretter tout ce que son amant pouvait perdre; et trouvant presqu'autant de plaisir qu'elle à penser que nous pouvions être généreux et libéraux à notre tour, je lui offris de ne pas remettre plus loin que le jour suivant à porter moi-même au comte la relation de ses sentimens.

Cet incident n'ayant pu être déguisé à mademoiselle de L...., nous reconnûmes aussi que nos intérêts lui étaient chers, par le zèle avec lequel elle nous pressa de disposer de son bien et de tout ce qu'elle pouvait nous offrir pour avancer les affaires du comte et les nôtres. Je suis parente, me dit-elle, des principaux chefs du parlement. Je veux faire demain le voyage de Paris avec vous, et les aller solliciter avec la dernière ardeur. Ce secours me parut assez utile pour être accepté. Nous réglâmes l'heure de notre départ; ce qui n'empêcha point que, sans nous en avertir, elle ne fît partir le soir même un de ses gens, avec une lettre pour l'administrateur de son bien, par laquelle elle le chargeait d'aller sur-le-champ offrir au comte, de la part d'un ami qui voulait cacher son nom, cinquante mille livres d'argent comptant, que son père avait laissées dans ses coffres; ainsi le malheur de notre cher comte ne servit qu'à redoubler les sentimens d'estime et d'amitié qui nous liaient inséparablement à lui.

Milord Tenermill demeurant pour la garde de Rose, je partis le lendemain avec moins d'inquiétude que de joie, et brûlant d'arriver à Paris pour consoler le comte. Notre suite n'était pas nombreuse: Mademoiselle de L.... ayant fait partir la veille le seul laquais qu'elle eût amené, nous n'avions que le mien derrière le carrosse. Sur quel fondement nous serions-nous persuadés que nous avions besoin d'une meilleure garde? La prudence humaine ne demandait pas plus de précautions; mais on expliquerait mal toutes les agitations de ma vie, si l'on ne levait pas les yeux plus haut pour en trouver la source, et si l'on ne cherchait dans le conseil de la Providence les ressorts de mille événemens qui sont encore impénétrables pour moi-même. Nous n'étions pas à un quart de lieue du château, lorsque nous fûmes arrêtés par trois cavaliers, qui, sans perdre le temps à nous parler, donnèrent ordre au cocher de tourner vers un bois épais qui était à peu de distance du grand chemin. Je les pris d'abord pour des voleurs; et dans la vue d'épargner d'autres craintes à mademoiselle de L...., je les priai par la portière d'accepter ma bourse, qui était assez bien remplie pour satisfaire leur avidité : je la leur montrai même, en leur confessant qu'ils y trouveraient cent louis, et que ne pensant point à leur disputer, j'étais prêt à la rendre sans résistance. Ils la refusèrent avec des apparences de civilité qui augmentèrent ma surprise. Ayant gagné le bois au même moment, ils nous firent pénétrer dans un endroit où le feuillage avait assez d'épaisseur pour nous couvrir : nous y trouvâmes un autre cavalier qui gardait une chaise à quatre chevaux, avec le cocher et le postillon; il n'était pas plus de neuf heures. Celui que les autres paraissaient reconnaître pour leur chef, nous pria honnêtement de ne pas nous alarmer; et nous avertissant que nous passerions le reste du jour dans le lieu où nous étions, il nous assura que nous serions traités avec respect, et que nous ne manquerions d'aucuns rafraîchissemens. Je lui demandai avec douceur l'explication de son dessein. Ne me pressez pas là-dessus, me répondit-il en souriant, nous avons quelques jours à passer ensemble; mais vous me trouverez toujours muet à cette question, et vous la renouvelleriez inutilement. Il s'assit sur l'herbe; les autres suivirent son exemple; et tirant de la chaise quelques provisions, ils se mirent à manger et à boire sans aucune marque d'inquiétude.

Je ne pus douter, en réfléchissant sur une si étrange aventure, que ma compagne n'en fût le seul objet : elle pleurait amèrement ; je m'efforçai de la consoler, en lui représentant que nous devions être rassurés par la civilité de nos gardes, et que ne m'ayant point séparé d'elle, il y avait peu d'apparence que nous fussions menacés d'un mauvais sort. Elle me demanda si je ne savais rien qui pût servir à expliquer notre malheur. C'est à vous-même, lui dis-je, que je pensais à faire cette demande, car il est visible que ce n'est pas moi qu'on a dessein d'enlever. Mais n'auriez-vous pas quelque amant dont vous ayiez pu craindre la témérité ? Elle me confessa que pendant le séjour qu'elle avait fait en Allemagne, son père ayant eu dessein de la marier à un homme de quelque distinction dans le pays, elle avait été exposée, jusqu'à son départ, aux persécutions de cet amant ; mais qu'étant revenue en France sans s'être ouverte à personne, il devait avoir perdu ses espérances, et ignorer même qu'elle fût à Paris. C'en était assez pour m'inspirer de justes soupçons. Ne cherchons pas plus loin, lui dis-je; et lui apprenant en deux mots ce qui était arrivé à ma sœur, je la fis convenir aisément que toutes les personnes de son sexe doivent toujours se défier du nôtre. Nous passâmes tout le jour dans cet entretien, sans être tentés d'accepter les rafraîchissemens qui nous furent offerts, et renouvelant plusieurs fois inutilement la demande que j'avais faite au chef de nos gardes.

Enfin la nuit étant arrivée, on nous pria de monter dans la chaise : il aurait été inutile de résister. Je me réduisis à m'informer si mon laquais aurait la liberté de nous suivre; on me répondit que je demandais une chose impossible. Je parlai de l'entretenir un moment en particulier, on ne m'accorda pas plus aisément cette faveur. Il fallut suivre la loi qu'on nous imposait, et partir dans l'obscurité, sans pouvoir nous imaginer de quel côté on pensait à nous conduire. Je m'aperçus que des quatre cavaliers, il en restait deux derrière nous, pour garder apparemment le cocher de Mlle. de L...

et mon laquais, jusqu'à ce que nous fussions éloignés.

Nous marchâmes à grands pas pendant toute la nuit : à peine nos guides prirent-ils quelques momens pour faire rafraîchir leurs chevaux ; et ce fut au coin d'une haie qu'ils s'arrêtèrent, à quelque distance du grand chemin. L'épuisement de nos forces nous obligea de prendre aussi quelque nourriture, qui nous fut présentée avec beaucoup de soins et d'empressemens. Nous continuâmes de marcher jusqu'au jour ; et notre étonnement redoubla, lorsqu'au lever du soleil, on nous fit entrer dans une forêt fort épaisse, où l'on nous déclara que nous aurions le temps de nous reposer jusqu'au soir. Le chef de nos gardes paraissait connaître si parfaitement les lieux, qu'il devait les avoir observés plus d'une fois. Nous fûmes invités le soir à nous remettre en marche, et nous fûmes conduits pendant les deux nuits suivantes avec les mêmes précautions.

Rien ne peut donner une idée de mon étonnement, lorsque le troisième jour au matin, les premiers rayons du soleil me firent apercevoir la mer, vers laquelle on nous faisait toujours avancer. Quoiqu'il nous restât peu de chemin jusqu'à la côte, on nous fit passer le jour dans un bois moins épais que désert, d'où je ne pus découvrir ni villages ni maisons : j'avoue que mes yeux s'ouvrirent alors sur mille dangers dont je n'avais pas eu le moindre pressentiment. Je me rappelai les menaces et la hardiesse de milord Linch : de quoi ne devais-je pas le croire capable, après les excès auxquels il s'était emporté ? Mais qu'avait-il à démêler avec Mlle. de L... qu'il n'avait jamais connue personnellement, et dont il ne pouvait même avoir appris le retour ? Ces réflexions m'occupèrent pendant tout le jour; et m'ouvrant enfin à ma compagne, je lui demandai si elle connaissait milord Linch. C'était la première fois qu'elle eût entendu ce nom : son ignorance me persuada que mes soupçons étaient mal fondés; et revenant à mes premières conjectures, je ne doutai plus que ce ne fût son gentilhomme allemand qui avait pris le parti de la faire enlever, et qui avait choisi la route de la mer comme la plus favorable pour une entreprise de cette nature. Il était facile, dans cette supposition, d'expliquer mon propre enlèvement, que les ravisseurs avaient peut-être cru nécessaire pour couvrir leur attentat, s'ils eussent été poursuivis sur la route.

Je me flattais, suivant cette pensée, que la liberté me serait rendue au bord de la mer; et toute ma compassion tomba sur Mlle. de L... pour laquelle mon imagination ne me présentait aucune ressource. La nuit étant devenue obscure, on nous pressa de rentrer dans notre chaise. Nous descendîmes la côte, au pied de laquelle j'aperçus, dans les ténèbres, quelques cabanes de pêcheurs, qui me firent juger qu'on avait choisi un lieu désert pour l'embarquement. Cinq ou six matelots, dont les discours ne me permirent pas de douter que nous ne fussions attendus, se hâtèrent de nous suivre au rivage; et malgré toutes mes espérances, on nous força de monter à bord d'un yacht fort léger, qui était prêt à nous recevoir. Le vent s'étant trouvé assez favorable pour nous éloigner aussitôt du rivage, nous fûmes en pleine mer, avant que la surprise et même la frayeur, dont je n'avais pu me défendre, m'eûssent laissé le pouvoir de prononcer une parole.

Mlle. de L... fondait en larmes. J'étais si occupé de mes propres craintes, que je ne me sentais pas encore la force de lui parler. Cet abattement aurait peut-être duré aussi long-temps que mon incertitude, lorsque le chef de nos ravisseurs s'approchant de moi d'un air civil, me fit des excuses du chagrin qu'il m'avait causé, et m'exhorta à consoler ma sœur, qui n'avait pas sujet, me dit-il, de se livrer à cet excès d'affliction. Ma sœur, interrompis-je, en ouvrant tout d'un coup les yeux sur ce qui m'avait paru le plus obscur! Ah, prenez-y garde continuai-je sans m'arrêter, vous avez mal servi milord Linch, il ne vous saura pas bon gré de votre méprise ; ce n'est pas ma sœur, croyez-moi, remettez-nous au rivage; vous allez nous causer des chagrins inutiles. Il parut d'abord un peu frappé de l'air naturel dont j'accompagnais cet avis; mais se persuadant aussitôt que c'était un artifice par lequel j'espérais nous sauver de ses mains, il ne fit que sourire de l'agitation que je marquais encore; et m'ayant confessé qu'il exécutait les ordres de milord Linch, il remettait, me dit-il, à éclaircir en Irlande, le doute que je voulais lui faire naître.

Je ne laissai pas d'insister long-temps; et, ne recevant point d'autre réponse, un juste mouvement d'impatience me porta à lui reprocher la honteuse commission dont il s'était chargé; mais, aussi insensible à mes injures qu'à mes plaintes, il en prit sujet, au contraire, de se confirmer dans la pensée où il était que j'avais voulu lui en imposer, et il ne songea plus qu'à presser nos matelots de profiter du vent, qui continuait de leur être favorable.

Mademoiselle de L..... avait entendu tout ce que le chagrin et le zèle m'avait fait dire en sa présence. Ses armes diminuèrent beaucoup lorsqu'elle se crut assurée qu'on la prenait pour une autre. Elle me témoigna même honnêtement que c'était pour elle une consolation de pouvoir penser que son malheur en faisait éviter à Rose un beaucoup plus grand; et je conçus en effet que j'étais le seul à plaindre dans une si cruelle aventure. Que ne devais-je pas appréhender du furieux Linch, après tant de marques de la violence de son caractère, surtout lorsque, se voyant trompé dans ses espérances, il ferait peut-être tomber sur moi la première chaleur de son ressentiment! Je tournai les yeux vers le Ciel pour lui demander un secours que je ne pouvais plus attendre que de lui, ou du moins la mesure de constance et de force qui convenait à de si terribles épreuves.

Le vent cessa si peu de seconder la diligence des matelots, que nous abordâmes la nuit du quatrième jour au petit port de Glessick, qui est à quelques milles de Waterford. Nos ravisseurs y trouvèrent une chaise qu'ils y avaient laissée à leur départ. Ils ne prirent que le temps nécessaire pour atteler les chevaux; et, nous pressant de nous remettre en marche, ils avancèrent avec tant de diligence, que nous arrivâmes le lendemain, après midi, sur les terres de leur maître. Je reconnus en tremblant son château, et je me représentais déjà toutes les circonstances de notre réception. Mes soupirs se tournèrent encore vers le Ciel. Enfin notre chaise entra dans la cour, et tandis que notre principal guide donnait la main à mademoiselle de L....., pour l'aider à descendre, un autre de nos gardes, surpris de ne voir paraître personne pour nous recevoir, appelait à haute voix quelques domestiques par leur nom. Notre guide ne laissa pas de nous introduire dans un appartement; et, paraissant admirer à son tour qu'il ne se fût encore présenté personne, il nous demanda la permission de nous quitter un moment. Cet air de solitude me causa aussi quelque surprise. Il ne se faisait pas le moindre mouvement autour de nous. Nous attendîmes plus d'un quart d'heure en silence, et comme incertains de notre sort.

Notre guide reparut seul. La consternation que je remarquai sur son visage n'était pas propre à me donner de meilleures espérances. Cependant, après avoir paru quelques momens rêveur, il exhorta mademoiselle de L....., qu'il prenait toujours pour ma sœur, à déclarer librement ses désirs et ses volontés dans une maison où elle pouvait se regarder comme la maîtresse absolue. C'est l'intention de milord, ajouta-t-il; mais les affaires sont bien changées. Il retomba un moment dans sa rêverie, et nous n'étions point tentés de l'interrompre. Il y a trois semaines, reprit-il, que je laissai ici milord avec trente domestiques. Je n'y trouve aujourd'hui que le concierge. Cependant vous y serez servie avec autant de respect que de soin, dit-il encore à ma compagne; les gens que j'ai avec moi connaissent là-dessus les volontés de leur maître, et je serai ici pour leur donner l'exemple.

Malgré les nouvelles inquiétudes que toutes ces obscurités devaient me causer, je remerciai intérieurement le Ciel de l'absence de Linch. Je me trouvais délivré de la principale de mes craintes; et, m'imaginant qu'on ne penserait point à gêner ma liberté dans un lieu où je n'en pouvais faire usage, j'espérai que le Ciel confirmerait la protection qu'il paraissait déjà m'accorder. Mlle. de L..... attendait que je m'expliquasse. Acceptons, lui dis-je, les offres qu'on nous fait, et ne pensez qu'à vous remettre de la fatigue du voyage. Je l'engageai en effet à ne rien refuser de ce qui pouvait contribuer à sa santé et à son repos. Nous commençâmes dès ce moment à jouir de toutes les commodités de la maison.

Cependant je m'aperçus bientôt que j'étais observé jusqu'à ne pouvoir faire un pas dans le parc sans être suivi par un de nos gardes. Mon espérance n'avait jamais été de m'évader; car rien n'eût été capable de me faire abandonner ma compagne à tous les dangers qui menacent continuellement la jeunesse et la beauté; mais je ne doutais pas qu'en m'écartant un peu du château, je ne pusse apprendre du premier paysan qui n'aurait pas été payé pour se taire, les mystérieuses raisons de l'absence de Linch. Avec quelque affectation que nos gardes évitassent de satisfaire ma curiosité, je démêlais de l'embarras dans leurs réponses et de la tristesse dans leurs sentimens. Il arriva même un incident qui nous eût apporté malgré eux quelque lumière, si mademoiselle de L..... n'eût pas manqué de hardiesse pour tirer parti de l'occasion qui se présentait.

Un jour, qu'étant allé au jardin, je l'avais laissée seule dans l'appartement où nous passions ensemble une partie du jour, elle fut surprise d'y voir entrer un cavalier, qui, n'ayant trouvé personne dans les cours du château, s'était introduit d'autant plus librement qu'il était un des plus proches parens du maître. Il avait été aussi frappé qu'elle d'y trouver une dame dont la beauté l'avait ébloui; et quoiqu'il parlât mal la langue française, il s'en était servi assez heureusement pour faire entendre ses excuses. Il venait, lui avait-il dit, pour s'informer des dernières nouvelles qu'on avait eues du malheur de milord Linch. Elle, que tout était capable d'alarmer dans la situation où elle était, n'avait pensé qu'à se délivrer de l'entretien d'un inconnu; et, faisant aussitôt paraître un domestique, elle s'était retirée sans avoir porté ses vues plus loin.

Cet événement, qu'elle se hâta de m'apprendre à mon retour, produisit dans la suite un effet fort étrange. Comme elle se reprochait elle-même d'avoir cédé trop facilement à ses craintes, et qu'elle souhaitait ardemment de retrouver la même occasion de s'instruire, il lui arriva les jours suivans de se faire voir quelquefois à sa fenêtre, dans l'espérance de découvrir quelqu'un que nous pussions interroger, elle ou moi. Le gentilhomme qui l'avait effrayée n'était pas sorti du château sans emporter l'impression de ses charmes; et quelque explication qu'il eût tirée des gens qui nous servaient, il avait cédé, dès le lendemain, à l'inclination de son cœur, qui le rappelait auprès de ce qui l'avait touché. Nos gardes ayant fait difficulté apparemment de lui accorder l'entrée de la maison, il avait cherché inutilement à se procurer la vue de mademoiselle de L...; mais la même espérance le ramena les jours suivans; et l'ayant distinguée de loin à sa fenêtre, il passa sur tous les obstacles pour s'approcher de la cour. Elle le vit, elle affecta même de marquer de l'attention pour lui; et dans l'impatience de faire renaître l'occasion qu'elle se reprochait d'avoir perdue, elle demeura assez long-temps à le regarder, pour lui inspirer la hardiesse de s'approcher d'avantage. Elle ne s'apercevait pas qu'on avait eu soin de lever le pont, et qu'il était arrêté, malgré lui, par un large fossé. Cette scène ayant duré une partie de l'après-midi, elle se retira fort mécontente de sa retenue, qu'elle prenait pour le respect mal entendu d'un homme timide. Il était néanmoins si éloigné de ce sentiment, qu'ayant donné au contraire l'explication la plus flatteuse pour lui à la complaisance qu'on avait eue de le regarder si long-temps, il se figura qu'on entrait dans le sens de ses soins, et qu'on était disposé à les approuver. Il reparut le lendemain, dans cette idée, tandis que mademoiselle de L..., pensant de son côté à se procurer le moyen de lui parler, se remit à sa fenêtre, avec la résolution d'employer tout ce qu'elle croirait propre à lui faire surmonter sa timidité. En effet, non-seulement elle parut attentive au soin qu'il eut de la saluer plusieurs fois; mais se lassant de le voir demeurer à la même distance, elle se hasarda à lui faire signe de s'approcher. Une faveur à laquelle il s'attendait si peu, parut l'émouvoir jusqu'au transport. Je dois confesser que j'étais derrière mademoiselle de L..., et que c'était à ma sollicitation qu'elle s'était déterminée à l'appeler. Nous eûmes ainsi, pendant quelques momens, le spectacle de son embarras et de ses agitations. Il tendait les deux bras vers le pont, pour faire remarquer qu'il était levé; il les baissait vers le fossé, pour en montrer la largeur; il les tournait de tous les côtés de la cour, pour faire entendre qu'il n'y pouvait trouver aucun accès; il les étendait ensuite vers nous, avec divers mouvemens qui exprimaient son désespoir. Enfin, paraissant prendre tout d'un coup un autre parti, il recommença d'autres signes, que je ne compris pas d'abord aussi facilement que les premiers. En étendant les bras, il faisait un demi-cercle avec la main. Cependant je crus démêler qu'il désignait le jardin, par lequel il voulait marquer que le passage était plus facile. Mais il fallait traverser ensuite plusieurs appartemens. Quelques nouveaux signes, qu'il ajouta, me firent concevoir qu'il demandait d'être secondé. Je pressai mademoiselle de L... de lui répondre par des inclinations de tête favorables; et les gestes qu'il fit, pour exprimer sa joie, ne me permirent point de douter qu'il n'eût compris ce langage.

Il se retira en effet avec les apparences

d'une vive satisfaction. Le soir n'étant pas éloigné, je ne pensai plus qu'à suivre l'espérance où j'étais qu'il ne manquerait pas de se présenter de l'autre côté du château; et connaissant assez les lieux pour m'assurer que je trouverais facilement le moyen de l'introduire, je me flattai d'obtenir de lui des éclaircissemens pour lesquels ma curiosité augmentait de jour en jour.

Notre souper étant fini, nous nous défimes de nos gardes, qui avaient toujours cette obéissance pour nos ordres, lorsque nous souhaitions d'être seuls. Mademoiselle de L..., sans cesse occupée de ses chagrins, voulut être dispensée de recevoir la visite que j'attendais, quoiqu'il fût bien clair que le motif du gentilhomme était uniquement de la voir. Elle se reposait sur moi, me dit-elle, de sa conduite et de la sûreté de son honneur; et n'ayant eu la complaisance de se mêler dans cette aventure que pour entrer dans mes vues, elle me laissait le soin d'en tirer tout le fruit que je m'étais proposé,

Je lui fis d'autant moins d'instances, que je croyais cette résolution convenable à sa modestie. Mon dessein était d'introduire le gentilhomme dans ma chambre, et non-seulement d'entrer avec lui dans quelques explications sur les affaires de milord Linch ; mais de profiter, s'il était possible, du faible que je lui avais reconnu, pour le disposer adroitement à nous procurer la liberté. Je descendis dans les ténèbres, et m'étant rendu sans bruit à la porte du jardin, à peine l'eus-je ouverte, que j'entendis tousser doucement à quelques pas de moi. L'obscurité ne me permettait de rien apercevoir ; mais ce signal répondant à mon attente, j'admirai seulement que de folles passions fussent capables d'inspirer une ardeur que les devoirs les plus saints de donnent pas toujours ; et je me hâtai de dire à voix basse : Si vous êtes l'homme qu'on a vu par la fenêtre, approchez sans crainte. Il fut à moi aussitôt. Donnez-moi la main, ajoutai-je du même ton, et laissez-vous conduire sans prononcer une parole. En recevant sa main, je remarquai qu'elle était tremblante. Vous n'avez rien à redouter ici, lui dis-je pour le rassurer; évitons seulement le bruit qui pourrait alarmer nos surveillans. Il se rassura si vite, qu'appliquant sa bouche sur ma main, au bout de quatre pas, il me la tint long-temps serrée contre ses lèvres. Vous n'y pensez pas, lui dis-je en m'efforçant de la retirer; mais il renouvela vingt fois cette caresse avec une espèce de transport. Mon embarras fut beaucoup plus grand en traversant un salon qu'il connaissait. M'ayant arrêté tout d'un coup : Qui nous oblige d'aller plus loin, me dit-il en mauvais français? Croyez-vous que nous ayons quelque chose à risquer ici? Oui, répondis-je : parlez bas; nous pourrions être entendus, et je ne vois point de lieu plus sûr que ma chambre. Du moins, reprit-il, en me saisissant la tête et en me donnant quelques baisers passionnés, que ce charmant salon soit un moment témoin de mon ardeur! Je l'aurais cru fou, si je ne m'étais imaginé qu'il se croyait conduit par mademoiselle de L...; mais riant déjà de la surprise où je prévoyais qu'il allait tomber en sortant de son erreur, je me contentai de me dégager de ses bras, et je le pressai de me suivre. Il fallut essuyer jusqu'à ma chambre cent importunités de cette nature.

On rirait beaucoup, dans une aventure si sérieuse, si j'entreprenais de peindre l'étonnement et la confusion dont il ne put s'empêcher de donner des marques en apercevant la difformité de ma figure à la lumière. Dans le premier mouvement, il porta la main sur la garde de son épée; et je ne sais de quoi son trouble l'aurait rendu capable, si je ne m'étais hâté de lui remettre l'esprit par l'honnêteté et la douceur de mes premières expressions. Vous êtes ici sans danger, lui dis-je; et loin de penser à la violence, vous n'aurez occasion que d'y exercer des bienfaits. Je le priai de s'asseoir; et voyant qu'il avait peine à revenir de son agitation, il me parut que le désordre même où il était pouvait favoriser mon dessein. Vous êtes parent de milord, repris-je, et curieux par conséquent d'entendre les dernières nouvelles qu'on a reçues de lui. Oui, me dit-il avec un reste d'embarras; et j'ai peine à comprendre ce qui rend ici ses gens si difficiles, qu'ils m'interdisent brutalement l'entrée de sa maison pendant son absence. Je vous en apprendrai quelque chose, interrompis-je; mais dites-moi où vous en êtes, et quelle explication on donne dans le pays à son aventure. Cette manière de l'interroger me réussit parfaitement.

Il me répondit qu'il savait ce que tout le canton avait su comme lui; c'est-à-dire que Linch, surpris par les gardes du Vice-Roi, avait été emmené sans défense, et qu'il était prisonnier au château de Dublin. Pour la raison de cet accident, continua-t-il, nous n'avons pu nous en imaginer d'autre que ses liaisons à la Cour de Saint-Germain, et la haute faveur où l'on prétend qu'il est auprès du roi Jacques. On avait même assuré, ajouta-t-il, qu'il pensait à s'établir en France; et les deux voyages qu'il a faits ici successivement l'ont rendu suspect aux chefs de l'Etat. Ces lumières ne me suffisant pas, je l'interrompis pour prévenir les questions auxquelles je m'attendais. J'ignore les suites de ce malheur, lui dis-je, et je ne suis pas encore mieux informé que vous; car si l'on vous défend l'entrée de cette maison, vous ne vous imagineriez pas qu'on m'en ferme la porte. Il parut surpris de ce discours; et comme je n'avais point d'autres précautions à prendre que celles qui pouvaient servir à la liberté de mademoiselle de L.... et à la mienne, je continuai de lui raconter par quelle aventure nous nous trouvions presqu'aussi resserrés dans le château de Linch, que Linch l'était lui-même dans celui de Dublin. Son zèle fut d'autant plus échauffé de ce récit, qu'il apprenait non-seulement que la naissance de mademoiselle de L.... méritait d'être respectée, mais que n'étant en Irlande que par l'erreur de nos guides, il était en droit de la servir, sans offenser un parent qu'il redoutait. Je m'étais bien gardé de lui parler des ressentimens particuliers que Linch pouvait conserver contre moi; cependant, n'ayant pu lui déguiser que j'étais Irlandais, cet aveu m'avait conduit à lui confesser mon nom. Il le connaissait d'autant mieux, qu'ayant fait ses exercices à Dublin avec mes frères, il lui restait un souvenir fort tendre de Patrice. Vous ne serez retenus ici, me dit-il, qu'aussi long-temps que vous le souhaiterez volontairement. Rien n'empêche que nous n'en puissions sortir comme j'y suis entré. J'ai des chevaux, ajouta-t-il, à la porte du Parc, et vous êtes libres à ce moment si vous voulez me suivre.

La seule difficulté qui m'arrêta, regardait mademoiselle de L.... que je craignais d'exposer à de nouveaux dangers. Il pénétra mes craintes; et s'expliquant avec la générosité qui convenait à sa naissance, il me pria de croire que j'apercevrais beaucoup de différence entre les sentimens qu'il voulait prendre pour une personne dont je lui faisais connaître le mérite et la condition, et ceux qu'il avait eus pour elle lorsqu'il ne l'avait prise que pour une fille du commun, qu'il s'était même imaginé que milord faisait servir à ses plaisirs. Sa demeure n'était éloignée que de trois milles. Il m'assura qu'il y avait sa mère et ses sœurs, avec lesquelles mademoiselle de L.... pourrait trouver autant d'agrément que de sûreté. Sa parole, qu'il me donna dans les termes les plus propres à me rassurer, eut enfin le pouvoir de m'inspirer quelque confiance. J'avais su de nos gardes mêmes qu'il était lié de fort près par le sang à milord Linch; et, dans le choix de deux dangers, je me persuadai que c'était éviter le plus grand, que de me reposer sur la foi d'un homme de qualité.

Je ne veux point faire entendre par cette réflexion que ma confiance ait été trompée. Mais ce que je regardais comme un avantage pour mademoiselle de L...., devint l'occasion de mille infortunes auxquelles son mauvais sort la destinait, et la source d'une infinité de chagrins pour moi-même. Aveugle prudence des hommes, qui les engage sans cesse dans les précipices qu'ils s'efforcent d'éviter!

Le gentihomme qui m'offrait si généreusement ses services se nommait Anglesey. Ce nom, que je connaissais, ayant achevé de m'ébranler, je demandai un moment pour faire la proposition de notre départ à ma compagne; non que je prévisse de la difficulté à lui faire goûter mon conseil; mais je pensais à lui inspirer du courage, par l'explication du secours que la Providence paraissait nous offrir. Loin de s'effrayer d'une résolution si précipitée, elle fut ravie qu'on lui ouvrît une retraite chez des dames d'un nom distingué, où elle pourrait se remettre un peu de ses frayeurs et de ses fatigues. Nous n'avions rien qui fût embarrassant à transporter. Ainsi, prenant le parti de suivre à l'heure même notre libérateur, nous descendîmes au jardin, d'où nous gagnâmes assez facilement la porte du parc. L'opinion que j'avais de la bonne foi d'Anglesey ne m'empêcha point de prendre mademoiselle de L.... sur la croupe de mon cheval. J'exigeai même de lui qu'il nous devançât au galop, pour aller prévenir sa mère et ses sœurs sur notre arrivée, et son laquais, qui se trouvait à pied, suffisant pour nous conduire, je me mis tranquillement en chemin dans une nuit des plus obscures. Que de réflexions ne fis-je pas néanmoins sur la bizarrerie d'une aventure aussi opposée à mon inclination qu'à mon caractère? Un ecclésiastique de ma figure et de mon âge, à cheval, dans les ténèbres, avec une fille de dix-sept ans derrière lui; quelle étrange scène!

Notre voyage fut aussi heureux qu'il était court. Nous arrivâmes dans une maison moins vaste que celle de milord Linch, mais d'assez belle apparence pour nous faire connaître en y entrant qu'elle n'était point habitée par des gens d'une condition commune. Anglesey, qui s'empressa pour en faire les honneurs, nous reçut avec tous les témoignages de respect qu'il aurait rendus au Vice-Roi. Sa mère, aussi respectable par sa vertu que par sa naissance, et ses deux sœurs, qui ne manquaient d'aucun des agrémens qui sont ordinaires aux femmes d'Irlande, nous attendaient dans un appartement fort orné, et nous comblèrent, dès le premier moment, de civilités et de tendresses. Notre premier entretien ne fut qu'une répétition de la malheureuse aventure qui nous avait conduits hors de France. Ensuite, tandis que les deux sœurs s'attachèrent particulièrement à mademoiselle de L...., la mère me témoignant la joie qu'elle avait de me voir chez elle, me rappelait diverses circonstances où elle se souvenait d'avoir vu quelques gentilshommes de ma famille, et me demandait même si je ne croyais pas que nous fussions alliés par différentes personnes dont elle me citait les noms. Elle se souvenait d'avoir entendu raconter mille fois à son fils qu'il avait été lié familièrement avec mes frères; et le portrait qu'il lui avait fait de Patrice l'intéressant en sa faveur, elle apprit avec joie qu'il avait établi sa fortune par un mariage fort avantageux. Nous trouvâmes ainsi dans nos hôtes tous les sentimens de bonté et d'honneur qui pouvaient nous faire regarder leur maison comme un agréable asile.

LIVRE SIXIÈME.

Le profond repos dans lequel je me disposai à passer la nuit, ne m'empêcha point de m'occuper, en me retirant, de l'inquiétude de milord Tenermill et de Rose. Jacin n'avait eu qu'une relation terrible à leur faire, et les craintes les plus affreuses à leur communiquer. Je ne me mis au lit qu'après leur avoir fait le détail de mon aventure, dans une lettre que je me proposais de faire partir le jour suivant. Mademoiselle de L... y en joignit une pour ma sœur. Ma bourse, où j'avais heureusement plus de cent louis, n'ayant souffert aucune diminution par nos chagrins, je me trouvais en état de procurer à ma compagne toutes les commodités qui convenaient à notre situation. Ainsi je mis, dès le lendemain, auprès d'elle une femme qui consentit à nous accompagner jusqu'à Paris. Notre dessein n'était pas de faire un long séjour en Irlande; mais un voyage entrepris par le devoir et la prudence, ne se fait pas avec aussi peu de mesures qu'un enlèvement. Il fallait attendre des occasions qui ne se présentent pas tous les jours, et se pourvoir de mille secours nécessaires sur la route. La captivité de milord Linch nous laissait toute la liberté d'y penser sans le craindre; et si l'on excepte d'ailleurs le ressentiment qui pouvait lui rester contre moi, je ne voyais point de raison qui dût me faire appréhender son retour. Dans toute autre conjoncture je n'aurais pas oublié que j'avais un aimable frère et un cher troupeau que je devais souhaiter de revoir; mais je regardais mademoiselle de L... comme un dépôt que les circonstances me rendaient encore plus précieux, et qui demandait nécessairement mes premiers soins. Je brûlais de la remettre en France. Et si l'on se rappelle d'autres sujets d'alarme que je ne veux pas déguiser, je ne pouvais être sans inquiétude aussi long-temps que la mer ne serait pas entre elle et Patrice.

Anglesey, dont les sentimens s'étaient resserrés dans les bornes de l'estime et du respect, ne refusa pas de s'employer aux préparatifs de notre départ; mais, par un mouvement de galanterie, autant que pour obliger sa mère et ses sœurs, il nous déclara agréablement que nous ne devions point compter sur sa diligence, et qu'il allait se faire une étude de nous cacher toutes les occasions qui se présenteraient de partir, ou de nous empêcher de les prendre. Il s'en fit une aussi de procurer à mademoiselle de L... les amusemens qu'il crut propres à dissiper sa tristesse. Elle n'avait pas la force de la cacher. Ses larmes ou ses soupirs la trahissaient à tous momens malgré elle. Il était naturel de les prendre pour l'effet de notre malheur commun, et j'affectais moi-même de ne pas leur donner d'autre explication; mais ayant d'autres lumières qui ne me permettaient pas de m'y méprendre, j'admirais qu'une personne de son âge fût capable d'une impression si profonde, et je la plaignais de se rendre la victime d'une douleur inutile.

Pendant que je m'occupais à trouver par mes propres soins ce que la lenteur d'Anglesey ne me faisait pas sitôt espérer des siens, la curiosité de savoir des nouvelles de Linch, et d'apprendre, sous ce prétexte, ce que ses gens avaient pensé de notre évasion, le conduisit un jour au château d'où il nous avait délivrés. Il revint le soir avec une lettre à mon adresse. Elle est de milord Linch, me dit-il, qui vous croit toujours prisonnier chez lui, et qui n'est pas moins persuadé que votre sœur y est avec vous. Ses gens l'entretiennent avec cette fausse idée, par la crainte d'augmenter son infortune en redoublant ses chagrins. Il nous raconta, en me la remettant, qu'étant entré au château, il y avait trouvé toutes les marques d'une profonde consternation. Notre fuite y passait pour un prodige, que nos gardes n'avaient encore pu comprendre. Leur chef, croyant qu'il n'avait plus de mesures à garder, n'avait pas fait difficulté de s'ouvrir à lui sur la malheureuse fin d'une commission dont les commencemens avaient si bien réussi. Dès le jour de notre arrivée il avait dépêché à Dublin un de ses associés, pour rendre compte à leur maître du succès de leur entreprise, et le consoler dans sa disgrâce, en lui apprenant que les intérêts de son cœur étaient du moins à couvert. Cette nouvelle l'avait comblé de joie. Il avait employé deux jours à m'écrire une lettre qu'il avait vingt fois recommencée; et pressant le messager de me la porter, il lui avait recommandé avec les dernières instances de ne lui pas faire attendre long-temps ma réponse. Cependant huit jours s'étaient déjà passés depuis notre évasion, et quatre depuis le retour du courrier, sans qu'ils fussent capables de s'arrêter à la moindre résolution. Que répondre à Milord ? Comment lui apprendre un malheur qui allait le mettre hors de lui-même, surtout dans un temps où ses affaires prenaient un tour si peu favorable, qu'il avait besoin de toute sa liberté d'esprit pour se défendre ? Enfin notre ravisseur, qui se trouvait ainsi comme l'héritier de nos peines, avait supplié Anglesey de l'aider dans son embarras ; et l'intéressant au bonheur de son maître, à titre de parent et d'ami, il s'était remis de sa conduite à ses ordres ou à ses conseils.

Anglesey aurait pu terminer cette comédie en confessant tout d'un coup qu'il nous avait accordé une retraite dans sa maison, et qu'étant informé de l'erreur qui leur avait fait enlever une personne pour une autre, il n'avait pas cru désobliger son ami et son parent en nous recevant avec la civilité qu'on doit à d'honnêtes gens. Mais la crainte de s'engager mal-à-propos sans ma participation, et l'envie d'ailleurs de tirer de leurs mains la lettre de milord, lui fit prendre un autre parti. Sans leur avouer qu'il sût déjà le fond de notre aventure, il feignit d'avoir eu quelques nouvelles qui lui faisaient espérer de découvrir notre retraite ; et proposant de se charger de la lettre, il engagea sa parole de la remettre entre leurs mains dans l'espace de trois jours, s'il ne réussissait pas à la faire tomber dans les miennes. Pour l'inquiétude de leur maître, il leur avait conseillé de la suspendre encore, en continuant de lui cacher ma fuite, et en se hâtant de lui faire dire que, dans le chagrin de me voir enlevé avec ma sœur, je refusais absolument de lui répondre avant qu'il nous eût rendu la liberté. Cet artifice avait si bien réussi, qu'on lui avait confié la lettre; et, persuadé qu'elle devait contenir des éclaircissemens d'importance, il n'avait pas perdu un moment pour me l'apporter.

Je l'ouvris avec impatience. Elle était d'une longueur qui répondait fort bien au temps que Linch avait mis à la composer, et je reconnus bientôt que le fond de la matière n'avait pas dû l'embarrasser moins que l'étendue. C'était l'apologie de ses sentimens et de tout le cours de sa conduite. Reprenant l'histoire de sa passion depuis son origine, il concluait à se déclarer innocent, ou à rejeter ses fautes sur l'amour et sur la fortune. Mais attestant le Ciel que dans les emportemens même dont il se reconnaissait coupable, il n'avait jamais perdu le fond de vénération qu'il avait pour moi, et bien moins le respect qu'il devait à la souveraine maîtresse de ses affections; devait-il céder, disait-il, les droits qu'il avait acquis par les promesses les plus saintes ? Son honneur n'y était-il pas aussi intéressé que sa tendresse ? Par quel mépris pour sa personne et pour notre nation m'étais-je obstiné à lui préférer un Français ? Ce n'était donc pas assez de des Pesses; il fallait, après la mort d'un rival, que mes soins en fissent aussitôt naître un autre, et que, pour le faire triompher plus sûrement du cœur de Rose, je me fisse une étude de le choisir evec toutes les qualités qui ne manquent point d'éblouir une femme? Mais s'il avait le malheur de me paraître moins aimable, quel reproche pouvais-je faire à sa naissance, à sa fortune, à sa condition et à son honneur? Des fautes, qui me l'avaient peut-être rendu odieux, n'étaient pas d'une nature à déshonorer un gentilhomme, à qui l'usage de l'épée doit être familier ; et de savoir d'ailleurs à quelle source elles devaient être attribuées. Dans la résolution qu'il avait prise de me faire enlever avec ma sœur, ne devais-je pas voir jusqu'où il était capable de porter la délicatesse, et reconnaître les mêmes scrupules d'honneur qui l'avaient empêché autrefois de l'enlever seule et sans ma participation? Il voulait que je fusse témoin de sa conduite et juge de ses sentimens. Toutes mes froideurs et mes répugnances céderaient bientôt, il en était sûr, à l'ardeur de son amitié et de ses caresses. Le soin de toute sa vie serait de me faire un sort digne de moi. Il se flattait de même que ma sœur reviendrait de ses malheureuses préventions, et que, dans la liberté qu'il allait avoir de vivre auprès d'elle, il trouverait infailliblement le moyen de l'attendrir. Son malheur ne venait que d'avoir été privé trop tôt du plaisir de la voir familièrement. Quelles douceurs ne se promettait-il pas dans un commerce si plein de charmes! Que d'attentions, que de soins il allait apporter à la rendre heureuse. Il se jetait d'avance à ses genoux, pour la conjurer d'oublier ses chagrins, et d'exiger toutes les réparations qu'elle croirait propres à les dissiper. Son respect et la crainte de lui déplaire allaient jusqu'à lui ôter la hardiesse de lui écrire.

Enfin, ne doutant pas, ajoutait-il après quantité d'autres réflexions, que je ne me rendisse à ses instances, et me faisant même remarquer qu'après l'éclat d'un enlèvement, je n'avais point à choisir d'autre parti, il me priait de regarder désormais ses intérêts comme les miens. Il me donnait une autorité absolue dans sa maison et dans ses terres, en me recommandant de veiller sans cesse au repos et à la satisfaction de Rose. Sa confiance allait jusqu'à me communiquer l'embarras de sa situation. Ses ennemis avaient inspiré au Gouvernement de fâcheux soupçons de sa fidélité. Quoique les accusations ne fussent pas capitales, elles pouvaient le devenir par le moindre incident qui ferait prendre à ses liaisons avec la Cour de St.-Germain une couleur de haute trahison. Les hostilités, qui commençaient vivement entre la France et l'Angleterre, ne pouvaient aboutir qu'à une rupture éclatante; et si la guerre s'engageait malheureusement avant qu'il fût déchargé, il était menacé de se ressentir de la condition du temps, qui ferait peut-être changer de nature aux dispositions. En finissant ce récit, il me demandait si, dans l'occasion que j'avais eue plusieurs fois de solliciter les tribunaux de la justice, il ne m'était pas resté quelque lumière qui pût servir à sa défense; et s'il n'eût jugé, ajoutait-il, que ma compagnie était nécessaire à ma sœur, il m'aurait proposé de faire le voyage de Dublin, pour l'aider de mes conseils.

Cette lettre, dont j'ai donné la substance dans cet extrait, ne m'inspira pas de réflexions malignes, ni rien qui ressemblât à la vaine satisfaction dont on a peine à se défendre, en voyant dans l'erreur et dans la disgrâce, ceux qui pourraient abuser de leurs lumières et de leur liberté pour nous nuire. Au contraire, condamnant Anglesey d'avoir cru que le conseil qu'il avait donné aux gens de Linch, pouvait servir à la tranquillité de leur maître, je fis confesser à ceux qui m'écoutaient, qu'il serait beaucoup plus avantageux pour lui de n'avoir qu'une affaire pour objet, et que l'inquiétude où mon seul silence était capable de le jeter, pouvait mettre beaucoup de trouble dans son esprit. Cette idée me fit penser aussitôt à le détromper. Il aura le chagrin, disais-je, de voir ses espérances et ses mesures trompées; mais, se consolant d'un mal sans remède, il ne s'occupera que de celui qui le presse. Ce fut après m'être arrêté à cette résolution, que j'en formai une plus étendue. En relisant sa lettre, je fus touché du tour qu'il donnait à sa justification; et je conçus qu'en effet une passion ardente dans un homme violent, peut le porter à bien des excès que sa raison condamne, sans avoir la force de les arrêter. Si son honneur en conserve assez pour les combattre, et pour en réprimer du moins certains effets, c'est une modération dans le mal, qui doit faire juger favorablement de son caractère, et qui lui fait peut-être mériter plus de pitié que de mépris et d'aversion. Linch aimait ma sœur: l'amour doit-il être puni par la haine? N'était-il pas assez malheureux de n'avoir pu réussir à lui plaire, et de s'être engagé dans cette multitude de fausses démarches, dont il ne lui revenait que de la douleur et de la confusion? Pourquoi insulter à ses peines? Dans le mal même qu'il nous avait fait, ne pouvais-je pas démêler quelque chose de flatteur pour nous, qui nous invitait à l'amitié plutôt qu'à la vengeance.

Ma générosité n'ayant point manqué de s'échauffer par ces réflexions, je m'imaginai qu'il ne s'était pas persuadé mal-à-propos que je pouvais lui être utile. J'étais connu du Vice-Roi, et je ne me flattais pas en lui croyant pour moi quelque estime. Je n'étais pas mal non plus dans l'esprit des principaux membres du Conseil, et l'expérience que j'avais eue des procédures, me rendait capable de choisir les voies les plus abrégées. Il me vint même à l'esprit un expédient que je crus décisif pour sa justification et pour sa liberté. J'examinai mon idée avec beaucoup d'ardeur, et ne la trouvant que plus plausible après bien des méditations, j'aurais cru devoir me reprocher la perte d'un malheureux, si je lui avais refusé un secours dont je jugeai l'effet infaillible. Dès le lendemain, je déclarai à Mlle. de L.... que j'étais résolu de la confier pendant quelques jours à l'amitié de madame Anglesey, pour me rendre à Dublin. Elle ne fut point alarmée de mon projet. L'honneur et la vertu semblaient s'être réunis dans cette maison pour sa sûreté ; je partis tranquille, et je la laissai de même.

Comment aurais-je prévu ce qui était encore caché dans l'avenir, lorsque je n'avais pas la moindre défiance de ce qui se passait autour de moi? Pouvais-je deviner qu'en voulant nous servir, Anglesey nous avait déjà causé des maux que tout le pouvoir des hommes n'était plus capable de réparer? Il avait écrit à Patrice pour lui rappeler le souvenir de leur ancienne liaison; et lui apprenant que j'étais chez lui avec Mlle. de L..., il s'était servi de ce motif pour l'engager à venir nous surprendre dans sa terre. C'était tout ce que j'avais appréhendé dès le premier moment; et je n'étais pas guéri de mes craintes; mais quel moyen de pénétrer ce qu'Anglesey se faisait un plaisir de nous dissimuler, dans l'espérance de nous causer une surprise agréable?

Je partis sans soupçon. Il me vint même à l'esprit, sur la route, de profiter de cette occasion pour faire un voyage de quelques jours dans le comté d'Antrim,

Dublin m'en rapprochait beaucoup; et je ne voyais pas de difficulté à cacher l'aventure qui m'avait amené en Irlande. Cependant, ayant remis ce dessein après les services que je voulais rendre à milord Linch, je m'occupai entièrement de ses affaires. Il me reçut dans sa prison avec des transports de joie. Un voyage qu'il ne pouvait attribuer qu'à l'envie de le servir, lui parut capable de le rassurer contre toutes ses craintes. S'il commença par quelques excuses, il n'attendit pas que j'y eusse répondu, pour m'exprimer tous les sentimens dont il avait le cœur rempli; et se hâtant de me parler de Rose, il me fit cent questions sur sa santé, et sur les dispositions où elle était pour lui, avant que je pusse trouver un moment pour ouvrir la bouche.

Enfin, m'ayant laissé la liberté de lui répondre, je ne cherchai point de détour pour lui déclarer que sa joie était mal fondée, si elle supposait le succès de sa téméraire entreprise. Vous croyez ma sœur en Irlande, lui dis-je; vos gens ont tort de vous avoir laissé dans cette erreur. Ils n'ont point manqué de fidélité pour vos ordres; mais leur zèle s'est trompé, en prenant pour elle une fille que vous ne connaissez point. Ils lui ont fait passer la mer avec moi; et, grâces à la protection du Ciel, nous sommes délivrés de nos alarmes. Un autre, ajoutai-je, vous reprocherait des violences qui ne blessent pas moins les lois humaines que celles du Ciel; mais je suis ici par des motifs tout différens. Je pense, comme vous, que mes soins peuvent vous être utiles: et le zèle avec lequel je vais m'employer à vous servir, vous apprendra que je sais oublier les injures.

Quoique le ton que j'avais pris fût trop sérieux pour faire regarder mon discours comme un badinage, sa prévention ne lui permit point de le croire sincère. Il me dit, en souriant, qu'il me pardonnait aussi volontiers mes reproches, que le dessein où je paraissais être de l'embarrasser un peu par mes feintes; et qu'après tout, il devait s'estimer trop heureux de me voir sitôt disposé à lui pardonner une démarche qu'il ne s'était flatté de me faire oublier que par de longs services. En vain recommençai-je à lui protester qu'il s'aveuglait inutilement; que ma sœur était tranquille en France, et que je n'avais point d'autre vue que de satisfaire ma propre générosité dans l'offre que je venais de lui faire de mes soins : la force de mes instances ne fit que le jeter dans une autre erreur. Il se persuada que c'était un artifice que j'avais médité pour délivrer Rose de ses mains; et s'attachant à cette idée, il feignit de se rendre à mes protestations, avec un sourire néanmoins par lequel il semblait me faire entendre que toute mon adresse n'était pas capable de le tromper.

Il m'importait si peu qu'il changeât d'opinion, que, sans insister davantage, je lui parlai de l'espérance que j'avais de le sauver par une voie que je remis à lui expliquer après l'événement. Comme la plupart de ses gens étaient à Dublin, il leur fit donner ordre d'exécuter toutes mes volontés, et de s'attacher même à ma suite, pour me faire paraître à la Cour du Vice-Roi avec quelque air de distinction.

Ce n'était ni la violence ni la ruse que je me proposais d'employer. J'avais conçu que les principales accusations dont Linch était chargé, regardant ses liaisons à la Cour de Saint-Germain, et le projet de passer au service du roi Jacques, pour lequel on le soupçonnait d'avoir de l'attachement, l'importance était de le justifier nettement sur ces deux articles, et l'un paraissait dépendre de l'autre ; car avec quelque apparence de faveur qu'il eût été reçu à Saint-Germain, les inductions qu'on en pouvait tirer s'évanouissaient d'elles-mêmes, s'il paraissait que son cœur fût attaché au gouvernement d'Angleterre, et que, loin de penser à quitter sa patrie, il avait voulu s'y former de nouveaux liens. Or, non-seulement les deux combats dont il s'était rendu coupable en France lui fermaient l'entrée de ce royaume; mais le dessein qu'il avait eu d'enlever ma sœur était un témoignage qu'il voulait se renfermer en Irlande. Sa sûreté même lui aurait-elle permis de repasser la mer après un éclat qui l'exposait plus que jamais à la sévérité de la justice? C'était sur cette preuve que je fondais le succès de mon entreprise; et quand elle aurait été sujette à quelques objections, il lui restait toujours assez de force pour l'emporter sur de simples soupçons, qui faisaient plus d'honneur au zèle qu'à la justice du Gouvernement.

Un mémoire que je dressai avec soin pour préparer le Vice-Roi à m'entendre, le disposa si favorablement, que dès la première audience, il se rendit à la vraisemblance de mes raisons. J'avais remarqué, dans l'affaire de mon père et dans celle de Patrice, qu'il aimait la noblesse, et que si la crainte de faire soupçonner son zèle à la Cour de Londres lui faisait prêter facilement l'oreille aux accusations, il cherchait ensuite à servir ceux qu'il avait été comme forcé de chagriner. Cependant son autorité n'étant pas suffisante pour décharger un criminel d'Etat, il me renvoya au tribunal à qui j'avais adressé tant de sollicitations pour Patrice. J'y fus reçu avec une considération qui augmenta mes espérances; et, soit que j'en fusse redevable au souvenir de mes anciennes démarches, ou à l'influence secrète du gouverneur, j'obtins, dans l'espace de peu de jours, la liberté de mon client.

Il reçut cette nouvelle avec transport. Ses gens, qui avaient ignoré mon voyage, ayant continué de l'entretenir dans son erreur, il marqua une vive impatience de revoir Rose. Partons, me dit-il en m'embrassant : je mourrai de plaisir en me jetant à ses pieds. Je pris ce moment pour l'avertir encore que loin de trouver ma sœur chez lui, il n'y trouverait pas même celle qui avait été enlevée à sa place. Mes protestations ne lui parurent pas plus sérieuses que la première fois. Cependant, lorsqu'étant prêt à partir, il vit que je refusais de monter dans sa voiture, et que je me disposais à prendre la route d'Antrim, pour suivre le projet que j'avais formé de visiter ma paroisse et ma famille, je m'aperçus, au changement de son visage, qu'il commençait de se défier de la vérité. Ensuite, paraissant changer d'opinion, il se figura que je cherchais à me faire un jeu de son embarras, et que j'allais prendre un autre chemin pour arriver plus tôt que lui dans ses terres. Cette idée lui rendit sa joie. Je pénètre votre dessein, me dit-il en me quittant. Nous verrons qui de nous deux préviendra l'autre. Il partit là-dessus comme un éclair. Je ris de son erreur, et je pris au même instant le chemin d'Antrim.

Jamais un voyage entrepris par l'amitié, n'en fit recueillir des fruits plus amers. Pendant toute ma route je m'entretins des motifs qui me conduisaient. Si les diverses lumières que j'avais eues sur la situation de Patrice ne me faisaient pas espérer de le trouver tranquille, toujours rassuré du moins par l'opinion que j'avais de son caractère, j'étais sans inquiétude sur le fond de sa conduite. La constance même avec laquelle il était demeuré jusqu'alors en Irlande, attaché à sa maison et fidèle à son devoir, me faisait juger que s'il avait eu quelques combats à soutenir, il en était sorti vainqueur; et, dans ces sortes de dangers, la première attaque me paraissant la plus dangereuse, je ne prévoyais pour moi d'autre peine qu'à confirmer par mes exhortations et mes conseils, la victoire dont je le croyais redevable à ses propres forces. Ainsi je me faisais une joie sensible de le surprendre par mon arrivée; et plus je réfléchissais sur les effets que je pouvais attendre de mon voyage, plus je demeurais persuadé que je n'aurais pu m'en dispenser sans manquer à mon devoir.

Il était nuit lorsque j'arrivai à sa terre. La porte du château me fut ouverte au premier coup que je frappai pour me faire entendre; et je crus m'apercevoir qu'on venait m'ouvrir avec un empressement qui m'aurait fait juger que j'étais attendu, si j'eusse pu croire qu'on se fût défié de mon approche. Cependant, n'étant point connu des domestiques qui se présentèrent, j'appris d'eux, sur mes premières demandes, que leur maître était absent; et je conçus, par leur réponse, qu'en m'entendant frapper, ils s'étaient flattés que c'était lui qu'ils allaient trouver à la porte. Miladi aura bien du chagrin de s'être trompée, disait le portier à l'un de ses compagnons; et paraissant si occupés de cette idée, qu'ils m'introduisaient dans la cour sans marquer pour moi beaucoup d'attention, ils continuaient de s'entretenir ensemble de l'inquiétude de leur maîtresse. Enfin, un autre domestique, que le hasard amena, m'ayant reconnu pour m'avoir vu à Dublin, l'ardeur avec laquelle il accourut à moi fit ouvrir les yeux à ceux qui paraissaient me négliger; et sachant de lui qui j'étais, leur indifférence se changea tout d'un coup en des transports de joie. Le bruit de mon arrivée se répandit en un moment dans toutes les parties du château, et je me trouvai environné de gens qui me rendirent toutes sortes de respects. Quoiqu'il me restât quelque sujet de peine sur les premiers discours que j'avais entendus, je suspendis a curiosité qui me faisait souhaiter quelque explication, et je demandai d'être conduit à ma sœur.

Elle venait d'apprendre que c'était moi qui m'étais présenté si tard à sa porte. Je la trouvai au lit, et je sus d'elle-même que c'était une situation qu'elle n'avait pas quittée depuis huit jours. Ses premières expressions furent des marques de joie; mais revenant bientôt à ce qui lui occupait le cœur et l'esprit, elle me demanda, en s'interrompant elle-même, si j'avais vu milord, et si je lui en apportais quelques nouvelles. Je ne fais qu'arriver dans la province, lui dis-je, et je suis venu descendre ici directement, sans avoir passé chez moi. Ma réponse parut l'affliger vivement. Elle demeura quelque temps sans ouvrir la bouche, et je remarquai qu'elle laissait couler quelques larmes.

A peine osai-je la prier de me parler avec ouverture. J'avais trop peu de familiarité avec elle pour prétendre tout d'un coup à sa confiance; et ne pouvant encore m'imaginer de quelle nature étaient ses peines, j'appréhendais que ma curiosité n'eût l'air d'une indiscrétion. D'ailleurs, toutes les lumières que j'avais reçues en divers temps se présentant ensemble à mon imagination, je tremblais de mille craintes contre lesquelles je m'étais toujours efforcé de me rassurer. Cette confusion d'idées me fit prendre le parti de feindre que je ne m'apercevais pas de son trouble; et faisant tomber mes questions sur mon frère, je m'informai, sans affectation, si son absence devait durer long-temps. Je l'ignore moi-même, répondit-elle en prenant un regard plus ferme. Je n'ai point eu de ses nouvelles depuis plus de huit jours. Il est parti pour Dublin, sous le prétexte de quelques affaires. Son silence m'inquiète, après la promesse qu'il m'avait faite de m'écrire. Huit jours d'absence, lui dis-je en souriant, ne doivent point vous causer une inquiétude trop vive; et continuant de lui parler d'un air libre, je fis tourner l'entretien sur Rose et sur l'état de nos affaires de France. L'intérêt qu'elle y prit l'ayant assez attachée pour faire quelque diversion à ses peines, j'évitai des ouvertures qui m'auraient embarrassées dans une première entrevue.

Cependant je ne fus pas plutôt seul, que ne pouvant me rendre maître de mes alarmes, je fis appeler le valet-de-chambre de Patrice, que je connaissais pour un homme sage, et qui lui était dévoué depuis long-temps. Sans entrer dans un autre détail que celui qui convenait à son caractère, je lui parlai du voyage de son maître comme d'un contre-temps qui devait me chagriner, lorsque l'espérance de le voir me faisait dérober quelques jours à mes affaires les plus pressantes. Je continuai de lui parler d'un air naturel; mais il ne m'écouta pas long-temps sans prendre une contenance si triste, qu'elle me donna occasion de lui en demander la cause. Il parut balancer à me répondre. Ensuite, comme s'il se fût déterminé tout d'un coup, il ferma la porte avec la précaution d'un homme qui craint d'être entendu; et s'approchant de moi, il me tint ce discours.

Ce n'est pas à vous qu'il faut déguiser les malheurs qui menacent cette maison. Le Ciel vous amène peut-être pour les prévenir; et, si j'en avais cru mon zèle, j'aurais pris la plume il y a long-temps pour vous en avertir. Mais je n'ignore point les bornes que le devoir m'impose dans ma condition, surtout lorsque mon maître ne s'étant jamais ouvert à moi, je ne sais ce que j'ai à vous raconter que par mes propres observations. Vous avez cru la fortune et le bonheur de milord assurés par son mariage; mais j'ai prévu, dès le jour de son engagement, qu'un si violent sacrifice n'aurait pas des suites heureuses. Son cœur était donné. J'avais connu sa passion dans son origine; et, la confiance qu'il m'accordait ne lui faisant point encore chercher à me déguiser ses sentimens, j'avais mille preuves que rien ne serait capable de le détacher de mademoiselle de L..... J'admirais même, en le voyant céder à vos instances, qu'il pût se flatter de remplir jamais son devoir; car il ne faut pas douter qu'il n'ait fait bien des efforts pour se soumettre aux lois qu'il lui imposait. A la vérité, il m'a caché depuis ce temps-là tout ce qui s'est passé dans son cœur; mais voici ce que le hasard et mon zèle m'ont fait découvrir malgré lui.

Après votre départ pour la France, sa maladie, qui devint beaucoup plus dangereuse, l'ayant retenu long-temps à Dublin, je m'aperçus un jour que tout le temps qu'il pouvait dérober à la connaissance de miladi, était employé à écrire. Je devinai aisément le sujet de ses lettres. Mais il m'offrit lui-même l'occasion de m'en assurer. La nécessité l'obligeant de me les remettre pour les faire partir, il me confessa, en baissant les yeux, que l'une était pour mademoiselle de L....., et l'autre pour M. des Pesses, et il me laissa le soin de les cacheter. Ma compassion pour ses peines, plus forte peut-être que mon devoir, me porta aussitôt à les lire. Je fus touché jusqu'aux pleurs des expressions d'un cœur inconsolable; et, ne voyant point de quelle utilité il pouvait être, pour son repos et pour celui de mademoiselle de L....., de lier un commerce de douleur et de larmes, je résolus, après m'être consulté long-temps, de couper cette nouvelle liaison dans sa source. Je brûlai les lettres. Elles étaient adressées aux gens de M. des Pesves, à Paris. Les connaissant, je leur écrivis moi-même, pour leur demander des nouvelles de leur maître, dont je voulais être en état de suivre toutes les démarches.

Je ne sais sur quelle espérance milord parut devenir plus tranquille. Les caresses et les attentions continuelles de miladi eurent peut-être la force d'amollir son cœur, à moins que l'attente d'une réponse de mademoiselle de L...., et la consolation qu'il avait trouvée à lui écrire, n'eussent un peu suspendu ses agitations; car je ne remarquais point que la tendresse conjugale eût pris le moindre ascendant, ni que ses soins pour miladi en fussent plus empressés. Il n'aimait que la solitude. Il se plaignait amèrement lorsqu'il était interrompu. Miladi même n'approchait de sa chambre qu'en tremblant; et, quoiqu'elle fût si sensible à ses moindres politesses, qu'il se répandait toujours quelque chose de sa satisfaction sur son visage, il paraissait bien, à ses inégalités, qu'elle n'était pas également satisfaite dans tous les momens du jour. Nous quittâmes Dublin environ trois semaines après votre départ. Le séjour de cette province ne changea rien à la conduite ni aux dispositions de milord.

Cependant, comme il n'était rien arrivé, depuis l'aventure des lettres, qui m'eût fait porter mes observations plus loin que les apparences, j'espérais que le temps dissiperait à la fin ces premiers nuages. Un reste de maladie semblait couvrir encore ses froideurs pour sa femme, et c'était une chose assez connue dans la maison, qu'il s'était dispensé, sous ce prétexte, de coucher jusqu'alors avec elle. Mais ses forces se rétablissant de jour en jour, il me paraissait impossible qu'à son âge il demeurât long-temps fidèle à une si étrange résolution. Les médecins lui conseillèrent l'usage de la chasse, et je ne sais si le dessein de se délivrer de la présence de miladi n'eut pas autant de part que sa santé à la soumission qu'il eut pour leurs ordres. Du matin au soir il était à cheval. Je fus d'abord surpris de lui voir une passion que je ne lui avais jamais connue. Mais je n'y fus pas trompé longtemps. Tandis que ses gens étaient à la suite du cerf, il s'enfonçait seul dans les routes les plus épaisses de la forêt, et c'était toujours avec quelques marques de chagrin qu'il se voyait découvert par ceux que l'inquiétude faisait marcher sur ses traces. Miladi prit du goût pour le même exercice. Il parut clair à tout le monde que c'était par le seul désir de le suivre et de passer le jour avec lui. Alors il devint plus ardent que ses piqueurs à courir sur les traces des bêtes les plus farouches, et à les forcer dans des lieux inaccessibles, où la délicatesse de sa femme ne lui permettait pas de l'accompagner. J'admirais tous ces caprices.

Un jour néanmoins que la fatigue ou

le goût de la solitude lui avait fait quitter son cheval pour se reposer à l'ombre, miladi, qui le cherchait peut-être avec bien plus d'empressement qu'il n'en avait pour un exercice dont il voulait nous persuader qu'il faisait toutes ses délices, le joignit au moment qu'il semblait le moins s'y attendre. J'étais avec lui; et, le respect m'ayant porté à m'éloigner de quelques pas, j'observai aisément que, dans la première surprise, il parut quelque temps embarrassé. Elle s'assit auprès de lui. Sa ressource fut de se plaindre de ses incommodités, dont il ne recevait aucun soulagement par tous les remèdes, et de railler avec un souris forcé l'opinion de ses médecins, qui lui avaient prescrit un régime assez propre à le fatiguer, mais incapable de le guérir. Miladi en prit occasion de s'emporter contre la chasse, et lui conseilla de l'abandonner. Elle joignit à ce conseil mille tendres marques d'inquiétude et d'affection. J'entendis ses réponses, qui furent douces et polies. Elle prit sa main. Il ne la retira pas; mais je remarquai qu'il rougissait, comme si cette liberté eût alarmé sa modestie. Cependant, leur entretien ayant continué sur le même ton, je n'ai jamais douté que son cœur ne se fût laissé surprendre par quelque mouvement de tendresse; car il porta la main de sa femme à sa bouche, et la baisa plusieurs fois d'un air passionné. Pour elle, que des caresses si simples pénétrèrent aussitôt jusqu'au fond du cœur, son attendrissement s'expliquait d'une manière moins équivoque. Elle reprit à son tour la main de milord; et, la tenant sur l'herbe où elle avait la tête penchée, elle tint long-temps ses lèvres appliquées dessus, avec un silence plus touchant que toutes les expressions. Mais quelques piqueurs, qui arrivèrent à la file, interrompirent des commencemens si heureux.

Quoique tous mes soins ne me fissent pas remarquer, les jours suivans, que cette scène eût produit les effets que je m'en étais promis, je me persuadai, plus que jamais, qu'il ne manquait au bonheur de mon maître que d'effacer des idées importunes qui ne pouvaient laisser de repos à son cœur, tant qu'elles subsisteraient dans sa mémoire. Je formai le dessein de lui faire oublier entièrement mademoiselle de L...; et le seul moyen qui me parut infaillible, fut de lui persuader qu'elle était morte ou mariée. Je m'arrêtai au second de ces deux partis, parce qu'il était le plus vraisemblable. Milord, qui était dans l'impatience de recevoir les réponses qu'il attendait, m'envoyait souvent à Londondery, où il avait marqué qu'elles devaient être adressées. En ayant reçu une moi-même d'un des gens de M. des Pesses, qui m'assurait que son maître était encore en Allemagne, je feignis d'avoir reçu avis de son retour et du mariage de mademoiselle de L... Cette imprudence, qui était pardonnable à mon intention, m'a coûté probablement ma fortune; mais son effet le plus terrible fut de jeter milord dans un désespoir que chaque jour ne fit qu'augmenter. Il eut néanmoins la force de garder encore un reste de modération, jusqu'au jour marqué pour ma perte, et peut-être pour la sienne.

Nous étions à la chasse : Miladi s'y trouvait aussi, et le cerf nous ayant menés vers Londondery, nous approchions du grand chemin pour le traverser, lorsque mon maître crut reconnaître un cavalier qui s'avançait avec un laquais de sa suite. Il s'arrêta pour l'observer. Je remarquai aussitôt que lui que c'était M. des Pesses. J'augurai mal de cette rencontre ; mais de quoi étais-je capable pour en prévenir les effets ? Milord était déjà suspendu au cou de son ami ; et, sans écouter la bienséance qui l'obligeait peut-être de ne pas laisser miladi seule au milieu du chemin, il fut pendant plus d'une heure à l'écart avec lui. Je n'appris que le soir, du laquais de M. des Pesses, le sujet de cette importante conversation. Ils revenaient d'Allemagne ; et n'ayant pu deviner que milord était marié, ils s'étaient fait une joie de prendre le chemin par l'Irlande, pour lui apprendre que M. de L... était mort, et que sa fille, toujours remplie de la même tendresse, était allé lui porter à Paris son héritage et sa main. Il eut la constance de laisser à son ami tout le temps de s'expliquer, et celle même de lire une lettre de sa maîtresse, avant que de laisser échapper une plainte ni un soupir. Mais avec quelle violence se livra-t-il aussitôt à la plus mortelle douleur ? Il descendit de son cheval d'un air désespéré ; et s'étant assis à terre, il y demeura long-temps sans prêter même l'oreille à M. des Pesses. Je me hâtai d'aller à lui. Mon artifice, qu'il n'eut pas de peine à comprendre, et que ma présence lui fit rappeler, l'enflamma d'une si vive colère, qu'il me défendit de paraître jamais devant ses yeux. Miladi, qui s'approcha au même moment, ne fut pas mieux écoutée ; et surprise, comme tous ses gens, de le voir dans un transport dont il ne revenait point, le silence et l'étonnement de tous les spectateurs forma une scène aussi difficile à se représenter qu'à décrire.

Cependant M. des Pesses me reconnut;

et m'ayant demandé secrètement quelque explication, il apprit de moi, en peu de mots, la cause de tant de trouble. Il gémit de son imprudence. Les remèdes étaient difficiles. Mais employant tout son esprit à réparer le mal qu'il avait causé, il s'approcha de l'oreille de mon maître pour le conjurer de lui pardonner une erreur où l'ardeur d'une aveugle amitié l'avait précipité, et de ne pas redoubler le mortel chagrin qu'il en ressentait, en la faisant éclater. Il le força ensuite de remonter à cheval; et se présentant de bonne grâce à Miladi, il s'efforça de donner une couleur au motif qui l'amenait en Irlande, et au désordre que son arrivée venait de causer à Milord.

J'ignore quelle idée elle s'en forma dans le premier moment; mais après quelques marques d'inquiétude, auxquelles mon maître parut peu sensible, elle prit une contenance plus tranquille. Peut-être était-il temps encore de prévenir ses soupçons, avec un peu de prudence et de ménagement. Pendant trois jours que

M. des Pesses passa avec Milord, il n'épargna rien pour le faire entrer dans des vues si raisonnables; mais il ne put faire goûter ses conseils. Un silence obstiné, des soupirs continuels, un air de distraction et de fureur qui a répandu la tristesse et la crainte dans toute la maison, telle a été, depuis ce jour fatal, la disposition habituelle de mon malheureux maître. Miladi, qui se présenta plusieurs fois le même jour à la porte de son appartement, ne put obtenir la liberté d'y entrer; et s'il a consenti dans la suite à l'y recevoir, ça toujours été avec des politesses si forcées, qu'elle n'en est jamais sortie sans verser un ruisseau de larmes. Pour moi, qui tremblais de paraître devant lui après sa défense, je n'ai pas laissé de m'exposer à lui rendre mes services ordinaires; il les a reçus sans faire semblant de se souvenir de ses ordres; mais j'ai eu mille raisons de juger que je suis tout-à-fait perdu dans son esprit.

Miladi, qui ne pouvait attribuer un changement si terrible qu'à l'arrivée de

M. des Pesses, laissa voir si ouvertement que la présence de cet inconnu la chagrinait, qu'il prit le parti de se retirer. Il vit mon maître avant son départ; mais soit qu'il en ait reçu quelque reproche qui lui ait fait perdre ses sentimens, soit qu'il ait appréhendé de redoubler ses peines en lui écrivant, nous n'avons reçu aucune marque de son souvenir depuis qu'il est retourné en France.

Nous pouvions nous flatter néanmoins que nos malheurs n'étaient pas à leur comble, aussi long-temps que miladi, qui paraissait encore ignorer les siens, employa tous ses soins à remettre le calme et la tranquillité dans la maison. Si la situation de son mari était pour elle un cruel tourment, elle renfermait encore toutes ses peines dans son cœur, et nous ne nous en apercevions qu'à ses larmes. Mais comme il s'observait trop peu pour déguiser plus long-temps la maladie du sien, elle ne se procura que trop aisément des lumières qu'elle aurait mieux fait d'éviter pendant toute sa vie. Ses soup=

çons furent changés en certitude par la malheureuse curiosité qu'elle eut de lire la lettre de mademoiselle de L.... Elle voyait souvent cette pièce fatale entre les mains de son mari. Il la laissait ouverte sur sa table sans aucune précaution. Rien n'étant si facile que de l'enlever dans mille momens du jour, elle se la fit apporter, et s'étant enivrée du mortel poison qui était contenu dans chaque mot, le premier mouvement de sa vengeance fut de la déchirer. Heureuse, si du même coup elle eût arraché de son cœur le trait qu'elle venait d'y enfoncer! Mais les apparences nous ont trop appris que cette lecture lui fut aussi funeste qu'à Milord. Dès le premier jour, elle se renferma dans son appartement, où elle n'admit plus personne. A peine ses femmes osaient-elles s'en approcher pour la servir. Elle passait des jours entiers sans nourriture. Elle pleurait sans cesse. Ainsi le désespoir paraissait avoir trouvé deux proies au lieu d'une. Ils étaient chacun de leur côté dans une espèce de tombeau, d'où ils ne prenaient plus de part à ce qui se faisait au dehors; sans marquer aucun désir de se parler ni de se voir, s'informant à peine de leur situation mutuelle ou de ce qui les occupait dans leur solitude. Milord, qui chercha inutilement sa lettre, ne put ignorer dans les mains de qui elle était tombée; et s'il n'osa témoigner trop de chagrin de l'avoir perdue, je remarquai qu'il n'était pas sans inquiétude sur les effets qu'elle pouvait produire.

M. Dilnick vint un jour au château. Il avait assez de familiarité pour entrer sans précaution. Etant d'abord allé chez Miladi, son étonnement dut être extrême de la trouver dans un abattement dont personne ne put lui expliquer la cause. Il interrogea en vain tous les domestiques. Ceux qui lui apprirent l'aventure de la lettre, n'y purent ajouter d'autre éclaircissement. Pour moi, qui étais seul capable de l'instruire, je feignis de ne l'être pas plus qu'un autre; et me réjouissant même que Miladi eût assez de force d'esprit pour ne mettre personne dans sa confidence, j'augurai bien de cette modération. Cependant lorsqu'ayant vu Milord, il l'eut trouvé aussi dans un désordre qui n'était pas plus facile à pénétrer, il forma sans doute ses conjonctures sur de si étranges apparences. Je n'ai pas su par quels degrés il est parvenu à des soupçons qui ont choqué mon maître. M. Dilnick est brusque. Quelques plaintes échappées peut-être à Miladi, où ses larmes seules, le portèrent à se figurer qu'elle avait été maltraitée. Il s'en expliqua avec peu de mesures. J'étais présent. Milord, piqué de se voir accusé d'un excès si indigne de lui, le prit sur un ton qui lui attira des reproches encore plus durs. Ils sautèrent sur leurs épées, et tout mon zèle ne put empêcher que M. Dilnick, qui reçut d'abord un coup au bras, n'en allongeât un au même moment qui blessa mon maître à la cuisse.

A peine les eus-je séparés, que M. Dilnick, confus sans doute de son emportement, se retira sans ouvrir la bouche, et sortit sur-le-champ du château. Milord n'était pas blessé si dangereusement qu'il eût besoin d'un autre secours que le mien. Cette querelle n'ayant été entendue de personne, il m'ordonna de garder le silence, et dans peu de jours sa plaie fut rétablie.

C'est néanmoins à cette funeste blessure que j'attribue ses plus mortelles agitations, et peut-être son départ, qui nous met ici dans l'inquiétude depuis plusieurs jours. Il me convient mal d'approfondir ses sentimens avec tant de liberté; mais si vous pardonnez quelque chose à mon attachement, je ne vous cacherai point ce que j'ai cru lire plusieurs fois sur son visage et dans ses yeux. Je n'y avais remarqué jusqu'alors que de la douleur et du désespoir, et j'y ai vu depuis de l'indignation et de la fureur. Il s'est persuadé, j'en suis sûr, que Miladi avait porté ses plaintes à M. Dilnick, et que c'est à sa sollicitation qu'il est venu le quereller dans sa chambre. Le devoir avait combattu jusqu'à ce moment dans son cœur; car à quoi voudriez-vous attribuer le désordre continuel de son esprit et de sa santé ? Mais j'appréhende que la considération qu'il ne pouvait refuser à une femme aimable dont il se voyait adoré, ne se soit affaiblie par cette malheureuse persuasion. Il est vrai du moins que loin de paraître abattu et languissant, comme il n'avait pas cessé jusqu'alors, loin d'exhaler ses chagrins en larmes et en soupirs, il ne marqua plus le trouble de son cœur que par des agitations violentes. Il cessa tout-à-fait de s'informer de la santé de Miladi. Il sortit de son appartement pour se promener au jardin. Il y marchait à grands pas pendant des heures entières, et la nuit l'y surprenait souvent, sans qu'il parût s'en apercevoir. Ce fut dans ce temps-là qu'il reçut, par la voie de France, une lettre qui augmenta encore la violence de ses mouvemens. Il se hâta de faire partir la réponse ; mais je ne fus pas choisi pour la porter à la poste. Je lui trouvais l'air d'un homme qui veut se mettre au-dessus de ses peines par la force d'une résolution furieuse, et, si je l'ose dire, par le mépris qu'il en fait. Miladi, qui avait peut-être trouvé quelque consolation dans les restes de complaisance avec lesquels il lui faisait demander quelquefois de ses nouvelles, ne se vit pas plutôt privée de cette douceur, que ses chagrins parurent augmenter. Il fallut se soumettre néanmoins à toute la rigueur de son sort, et faire céder la fierté et le dépit à la tendresse. Sans quitter d'abord son appartement, elle lui fit dire elle-même qu'elle commençait à se trouver mieux, et qu'elle pouvait le recevoir. Il choisit le temps où ses femmes étaient occupées à l'habiller, et sa visite fut courte. Dès le même jour il reprit l'exercice de la chasse; et n'en revenant que fort tard, il évita la nécessité de reparaître. Je remarquai la même affectation les jours suivans. Miladi, reprenant peut-être quelque espérance sur le changement de ses occupations, ou ne pouvant vivre sans le voir, trompa son attente en veillant constamment jusqu'à son retour. Il se trouvait ainsi comme forcé de l'entretenir quelques momens; mais les prétextes d'infirmité ou de fatigue ne lui manquaient jamais pour se délivrer bientôt de cette contrainte.

Enfin une lettre qu'il reçut, il y a huit jours, lui fit prendre aussitôt la résolution de monter à cheval. Je me flattais encore qu'il me nommerait pour le suivre. Il m'a trop marqué, par le choix qu'il a fait d'un autre, que j'ai perdu pour jamais sa confiance. Son départ s'est fait avec tant de précipitation, qu'à peine s'est-il donné le temps de prendre congé de Miladi. Je doute qu'il l'ait informée des motifs et de la durée de son voyage; car elle a fondu en pleurs au moment qu'il est parti, et son inquiétude a paru augmenter tous les jours. Elle s'est trouvé si mal depuis son absence, qu'elle n'a pas quitté un moment le lit; ce qui ne lui est pas arrivé dans le temps même que la lettre de mademoiselle de L.... lui a causé tant d'affliction. Ce soir, au premier bruit que vous avez fait entendre à la porte, tout le monde s'est figuré que c'était Milord, et l'on s'est empressé de porter cette nouvelle à Miladi. Mais si elle a reçu de la consolation de vous voir, vous avez pu remarquer qu'elle n'en porte pas moins au fond du cœur la source perpétuelle de ses maux.

Aussi frappé de ce récit que si je ne me fusse point attendu à une partie des malheurs que j'apprenais, je me fis expliquer de nouveau plusieurs circonstances qui m'avaient paru obscures, et surtout celle du combat de Patrice et de Dilnick. J'avais peine à concevoir que sur de simples apparences, Dilnick, que je connaissais plein de feu, mais honnête et sensé, se fût oublié jusqu'à se couper la gorge avec un ami; et, penchant à croire que ma belle-sœur lui avait fait quelqu'ouverture indiscrète, j'étais fâché qu'elle eût donné cette espèce d'avantage sur elle à Patrice. La réflexion du valet-de-chambre était juste : un cœur qui combat pour son devoir, et qui souffre mortellement de cette violence, ne saisit quelquefois que trop avidement tout ce qui lui paraît propre à justifier ses faiblesses. J'étais bien éloigné néanmoins d'attribuer l'absence de mon frère à cette cause ; et m'étant informé s'il avait fait des préparatifs pour un voyage de longue durée, je m'imaginai, en apprenant qu'il était parti sans aucunes précautions, que sa vue était d'adoucir ses chagrins par une dissipation de quelques jours. Mais je croyais prévoir que s'il était irrité contre sa femme, j'aurais moins de facilité à lui faire goûter ce que je voulais entreprendre pour sa consolation. Etes-vous bien sûr, dis-je encore à son valet, qu'il n'ait jamais passé la nuit avec Miladi? Il répondit à cette demande par des détails qui ne pouvaient me laisser aucun doute ; et, pour ce qui touchait Dilnick, il me répéta les raisons qu'il avait de croire que son emportement n'était venu que de ses propres soupçons.

Je louai le zèle qui l'attachait aux intérêts de son maître, et je m'engageai à le rétablir dans son esprit. Une nuit où la fatigue du voyage m'avait rendu le repos nécessaire, fut pour moi le plus cruel de tous les supplices. J'essuyai dans une continuelle insomnie tout ce que la crainte et la douleur ont de plus accablant. C'était sur ma belle-sœur que tombaient toutes mes réflexions. Je ne voyais que trop qu'avec quelque douceur et quelque prudence que je pusse lui parler de ses peines, ou recevoir l'ouverture qu'elle m'en ferait volontairement, j'allais m'engager dans un abîme de soins et d'inquiétudes. Il fallait m'attendre qu'elle me remettrait tous les intérêts de son repos; qu'elle m'interrogerait sur les amours de mon frère; qu'elle me reprocherait de les lui avoir laissé ignorer; qu'elle m'accablerait de ses plaintes et de ses larmes; enfin, qu'elle me communiquerait toute l'amertume et tout le trouble de ses sentimens. Je balançai si, sous prétexte de me procurer des nouvelles de son mari, je ne ferais pas mieux de partir dès le jour suivant. Mais je rejetai aussitôt cette pensée. Il n'y avait qu'une insensibilité cruelle qui pût me rendre capable de l'abandonner dans une si triste situation. Je devais regarder plutôt mon arrivée comme une disposition du Ciel, qui voulait me rendre utile à sa consolation, et me dévouer à un office de charité, dont la religion et la tendresse naturelle me faisaient une loi presque égale. Rose pouvait se passer de mes soins. Elle était du moins dans une tranquillité qui ne les rendait pas pressans. Enfin je me déterminai à descendre dans l'appartement de ma belle-sœur, aussitôt qu'elle voudrait m'y recevoir, et à prévenir ses ouvertures de cœur par les miennes.

Je me levais dans ce dessein, et je méditais en m'habillant quel tour je devais donner à mes premières expressions, lorsqu'on m'avertit que Dilnick demandait à me voir. Sa demeure étant dans le voisinage, il avait su mon arrivée dès le premier moment. Je ne pouvais refuser sa visite. Il m'embrassa avec beaucoup de tendresse ; et, sans me demander si j'étais instruit de ce qui s'était passé au château, il me pria de l'écouter. Le récit des froideurs de mon frère pour sa nièce, et l'histoire de son premier démêlé, l'arrêta long-temps. Il me parla de son combat avec beaucoup de douleur et de confusion. J'avoue, me dit-il, que cet emportement n'était pas pardonnable à mon âge; mais un mouvement de colère obscurcit quelquefois la raison. D'ailleurs, vous allez voir si c'est sans fondement que je soupçonne votre frère de manquer de bonne foi.

Il me raconta là-dessus que s'étant hâté d'écrire en Dannemarck après le mariage de sa nièce, pour en donner la première nouvelle à Fincer, il n'avait pas été long-temps sans en recevoir une réponse qui lui avait causé autant d'étonnement que de douleur. Dans plusieurs voyages que Fincer avait faits à Hambourg, il avait lié connaissance avec M. de L....., qui s'y était retiré avec sa fille. Madame Gerald, gouvernante de cette jeune personne, étant Irlandaise, il avait suivi le penchant qu'on a pour les gens de sa nation; et se trouvant assez familier avec elle pour lui demander ce qui pouvait inspirer tant d'aversion à mademoiselle de L... pour les mariages que son père lui proposait, il avait appris toute l'histoire des premières amours de Patrice. Madame Gerald, qui prétendait se faire honneur de son zèle pour un gentilhomme de son pays, n'avait oublié aucune circonstance de cette intrigue. Elle avait parlé de son mariage comme d'un engagement certain, dont l'exécution n'était différée que par les caprices du père; et M. de L... étant mort en effet peu de jours après, elle ne lui avait caché ni l'arrivée de des Pesses, ni le départ de son élève, qui se rendait à Paris pour rejoindre mon frère. L'incer, sans s'ouvrir sur tout ce qu'il entendait, avait observé seulement qu'il savait que Patrice était en Irlande, et qu'il le croyait même disposé à s'y fixer. Mais dans les idées où était madame Gerald, elle n'avait pas manqué de répondre que son élève et elle n'ignoraient pas qu'il avait passé la mer, et que ses affaires l'avaient retenu quelque temps dans sa famille; qu'il se rendrait à Paris aussitôt qu'elles ; qu'il leur avait dépêché le meilleur de ses amis pour les assurer de la constance de ses sentimens, et de l'impatience qu'il avait de les revoir ; enfin, confondant ainsi les circonstances, et n'expliquant pas de quel lieu des Pesses était parti, elle avait fait naître imprudemment dans l'esprit de Fincer la plus injurieuse de toutes les défiances : il s'était figuré que Patrice, dont on lui faisait entendre que le mariage était si certain à Paris, n'avait pu épouser sa fille que pour lui ravir l'honneur par une infâme trahison, et peut-être pour s'emparer de son bien. Ces exemples n'étaient pas rares d'un royaume à l'autre ; et quoiqu'un homme de la naissance de mon frère méritât bien de n'être pas soupçonné légèrement d'une si horrible bassesse, la prévention d'un père tremblant pour sa fille, le dispensait d'approfondir la cause de ses craintes, avant que de s'y livrer.

Il avait donc fait à Dilnick une réponse conforme à ses idées. Cette lettre odieuse, que Dilnick me pressa de lire après son récit, finissait par des conseils qui n'étaient pas moins injurieux pour Patrice. Observez sa conduite, disait Fincer, étudiez ses liaisons, et voyez quelles manières il prendra avec sa femme. Opposez-vous à tout ce qu'il pourrait entreprendre pour changer la nature de son bien. Enfin ses exhortations supposaient un malheur certain, qu'il parlait moins de prévenir que de réparer par beaucoup de vigilance et de soins.

Je vous laisse le juge, reprit Dilnick, des inquiétudes et des agitations que cette lettre m'a dû causer. Je ne l'ai pas communiquée à ma nièce; mais ouvrant les yeux sur quantité de circonstances que j'avais laissé passer sans réflexion, je ne m'aperçus que trop aisément qu'il avait toujours manqué quelque chose à sa tranquillité. J'appris dans le même temps qu'il était arrivé un étranger, avec lequel votre frère avait eu des communications fort mystérieuses; il me parut clair que c'était le messager qu'il avait chargé de ses affaires à Hambourg. On m'informa bientôt de son départ, et du désordre que son absence avait produit dans cette maison. Je vis aussitôt ma nièce. Je la trouvai noyée dans ses pleurs; et n'ayant pu l'engager à m'en découvrir la cause, j'avoue que, dans les fâcheuses imaginations dont j'étais rempli, il m'échappa avec votre frère quelques expressions assez dures pour justifier la chaleur avec laquelle il me répondit. Nous ne nous sommes pas vus depuis ce funeste jour; mais étant parti pour Dublin, où je ne sais quelles affaires peuvent l'avoir appelé, son absence m'a laissé la liberté de voir ma nièce. J'ai été surpris de lui trouver toutes les marques d'un profond désespoir, et je le suis encore plus de ne pouvoir pénétrer ce qui l'afflige à cet excès.

Il me témoigna là-dessus qu'il regardait mon retour comme une heureuse disposition du Ciel, qui voulait me faire servir sans doute à rétablir le bonheur et la paix dans nos deux familles; et m'assurant d'une confiance sans réserve, il me remit le ménagement de tant de difficultés qui surpassaient, me dit-il, sa prudence et ses lumières.

J'étais déjà disposé à prendre ce soin volontairement, et tout ce que je venais d'entendre ne le rendait pas plus difficile. La lettre de Hambourg portant sur de fausses suppositions, il me fut aisé de guérir Dilnick de cette partie de ses défiances ; mais la sincérité m'obligeait de lui confesser ce qu'il y avait de réel entre les idées chimériques de Fincer. Je lui appris en peu de mots l'attachement que mon frère avait eu pour mademoiselle de L...., et les obstacles qui avaient dû lui faire perdre l'espérance de l'épouser. Un jeune homme se flattant toujours dans ses désirs, il n'avait pas laissé de suivre cette intrigue jusqu'à son départ de France ; mais je ne crus pas trop prendre sur moi, après cet aveu, en répondant pour lui qu'il s'était attaché sincèrement à son épouse, et que, malgré quelques restes d'ancienne faiblesse, il était incapable d'oublier son devoir. Les accusations de Fincer, ajoutai-je, sont autant d'outrages ;

et quand vous rendrez justice au caractère de Patrice, vous ne le soupçonnerez pas d'une lâcheté qui ne peut tomber que dans l'esprit d'un scélérat.

Dilnick convint qu'il avait eu peine à le croire aussi coupable que Fincer le supposait ; et tirant de mon discours même une conclusion fort juste, il me dit naturellement qu'il s'imaginait la vérité. Votre frère, continua-t-il, avait le cœur rempli d'une grande passion ; l'intérêt a eu plus de part à son mariage que son goût pour ma nièce ; et je me figure en sa faveur qu'il combat peut-être une ancienne inclination dont il n'a pas encore eu le temps de se délivrer. Cette supposition, ajouta-t-il, expliquerait fort bien sa tristesse continuelle. Loin de m'inspirer pour lui du mépris ou de la haine, elle me ferait prendre une haute idée d'un caractère si honnête et si sensible ; et je ne douterais pas qu'un peu d'espace accordé aux agitations de son cœur, ne nous le rendît bientôt tel que ma nièce a droit de le souhaiter.

J'embrassai Dilnick, dans la joie que j'eus de le voir revenir à des sentimens si raisonnables. Oui, lui dis-je, ne doutez pas que cette peinture de mon frère ne le représente fidèlement. C'est ce que je cherchais à vous faire entendre. J'ai reconnu moi-même l'embarras de sa situation avant mon départ; et je ne l'aurais pas abandonné à ses peines, si des raisons invincibles ne m'eussent forcé de faire le voyage de France; mais je ne quitterai point l'Irlande sans avoir guéri parfaitement son cœur et son esprit. Unissons-nous, ajoutai-je, dans une entreprise dont le succès est infaillible. En effet, j'étais si persuadé que Patrice n'avait besoin que d'être fortifié par quelques vives exhortations, que j'aurais donné ma vie pour caution de sa vertu et de son honneur. Je changeai sur-le-champ la résolution où j'étais d'entretenir ma belle-sœur du sujet de ses larmes, et je priai Dilnick de ne laisser rien échapper qui pût lui faire soupçonner que nous en eussions pénétré la cause. Des plaies couvertes, lui dis-je, sont toujours plus faciles à fermer. Attendons le retour de mon frère ; employons tous nos soins pour préparer votre nièce au changement que je vous promets, et comptez que la paix succédera bientôt à toutes vos alarmes.

Quels mortels chagrins ne me préparai-je point par cette confiance ! Il se passa quelques jours, que nous employâmes effectivement à consoler ma belle-sœur. L'absence de Patrice ne m'ayant pas fait naître d'autre idée que celle d'un voyage entrepris pour dissiper ses peines, j'étais de ce côté-là sans inquiétudes. On m'apporta une lettre qui m'avait été adressée à Killerine. Je reconnus la main de milord Linch, dont j'avais vu quantité d'écrits dans le cours de ses affaires. Il me marquait en deux mots, qu'après des obligations si récentes, il n'était pas capable d'oublier quels droits j'avais acquis sur sa reconnaissance ; mais qu'il venait de m'en donner une preuve dont je devais lui tenir compte ; que sans un nœud si puissant, il se serait ressenti de l'insulte qu'il avait reçue de Patrice; et qu'il m'exhortait à lui inspirer plus de justice et de modération, si je voulais prévenir des extrémités qui seraient bientôt inévitables.

J'étais avec Dilnick lorsque je reçus ce funeste avis. Mes alarmes furent trop vives pour les cacher entièrement. La crainte de quelque nouvelle violence, que Linch paraissait m'annoncer par ses menaces, fit bien moins d'impression sur moi, que la connaissance du lieu où je ne voyais que trop qu'il fallait chercher Patrice. O Dieu! m'écriai-je, vous ouvrez donc l'abîme sous les pas de ceux qui s'efforcent de l'éviter! Cependant, ayant conçu au même moment que je ne devais ni cacher tout-à-fait la cause de mon trouble à Dilnick, ni lui découvrir toutes mes craintes, je résolus de lui en révéler une partie qui pouvait même servir à lui déguiser l'autre. J'apprends, lui dis-je, où est mon frère, et les circonstances qui accompagnent cette nouvelle me causent une juste frayeur. Je continuai de lui raconter nos anciens démêlés avec milord Linch; et ne doutant pas moi-même que ce qu'il m'écrivait n'en fût une suite, j'expliquai sa lettre dans le sens qui s'accordait avec cette idée. Un mal si pressant, ajoutai-je, demande un prompt remède. Je pars pour Dublin. Ce discours ambigu eut l'effet que je m'étais promis. Dilnick, s'arrêtant aux apparences, se figura que c'était à Dublin que Patrice avait pris querelle avec Linch; et n'ayant pas porté ses questions plus loin, il me proposa avec ardeur de partir sur-le-champ lui-même pour l'aller secourir. Non, répondis-je, ma profession me rend plus propre que vous à réprimer la colère et la haine. Je partirai seul; mais chargez-vous du soin de prévenir votre nièce, et de donner une couleur à mon absence. Je compte sur le succès de mon voyage, ajoutai-je. Linch est arrêté par des raisons qui lui feront suspendre son ressentiment. Vous me verrez dans peu de jours avec mon frère. Il m'assura que je devais être tranquille pour ma belle-sœur, parce que, tendre et passionnée comme elle était toujours, il suffirait, pour lui rendre la vie, de lui apprendre que j'avais reçu des nouvelles de son mari, et que j'allais le joindre à Dublin pour le ramener incessamment auprès d'elle.

Je retournai ainsi sur mes pas. Ma diligence égalant ma frayeur, je ne pris pas plus de repos la nuit que le jour, et mes chevaux furent si peu ménagés, qu'ils me manquèrent sur la route. Cet incident fut une disgrâce irréparable. L'embarras où je fus pendant deux jours pour m'en procurer d'autres, donna le temps à deux passions aveugles de se porter aux derniers excès, et la perte de vingt-quatre heures devint un coup décisif pour mille précieux intérêts. Mais est-ce à de faibles hommes qu'il appartient de raisonner sur les dispositions impénétrables de la Providence ? J'arrivai au château d'Anglesey. L'air de tristesse avec lequel j'y fus reçu, me fit pressentir une partie de ce qu'on allait me raconter. Mademoiselle de L... en était partie la veille avec Patrice. Le départ de mon frère était devenu nécessaire, par le malheur qu'il avait eu de blesser mortellement milord Linch, qui l'avait forcé de mettre l'épée à la main. Il était allé chercher un asile en France; et mademoiselle de L... avait pris cette occasion pour retourner dans sa patrie. Anglesey, qui se proposait depuis long-temps le même voyage, s'était déterminé, sur leurs instances, à les accompagner avec ses deux sœurs.

C'était la mère d'Anglesey qui me faisait ce récit, et qui n'ayant consenti qu'à regret au départ de ses enfans, conservait encore l'impression de tristesse que lui avait causé cette séparation. Elle ajouta qu'on l'avait chargée de m'informer de toutes ces circonstances; mais que dans l'abattement où elle était, elle aurait peut-être différé bien long-temps à remplir sa promesse. L'ayant interrogée sur la cause et les circonstances du malheur de Linch, elle me protesta que tout en était obscur pour elle, et que si l'on pouvait faire quelques fonds sur de simples conjectures, elle s'imaginait que mademoiselle de L... avait été la cause innocente de cette querelle. Quoi, lui dis-je, ils vous ont caché ce qui s'est passé sans doute dans votre maison, ou à deux pas de vos murs ? Oui, me répondit-elle, et je n'ai su le combat de votre frère, que depuis leur départ.

Je me rendis maître ainsi des premiers mouvemens de ma surprise et de ma douleur, pour recueillir toutes les lumières qui pouvaient servir à régler ma conduite. Mais je conçus que j'en devais espérer peu de cette vieille dame, à qui une troupe vive et ardente de jeunes gens ne s'étaient point avisés de faire confidence de leur conduite et de leurs desseins. J'appris seulement d'elle et de quelques domestiques que ses enfans lui avaient laissés, que Patrice était arrivé au château peu de jours après que j'en étais parti; qu'on y avait vécu avec beaucoup de tranquillité et d'agrément, jusqu'au retour de milord Linch; mais qu'à peine y avait-il paru deux fois, que la contrainte et le trouble avaient suivi toutes ses visites : qu'on s'était agité avec beaucoup de chaleur et de secret, jusqu'au moment où le bruit du combat s'était répandu, et que la résolution de partir avait été formée aussitôt : qu'Anglesey avait pressé inutilement sa mère de l'accompagner, et qu'elle avait fait elle-même des efforts aussi inutiles pour empêcher ses filles de le suivre : qu'après de longs débats, ils s'étaient enfin promis mutuellement, eux de revenir en Irlande dans l'espace d'un an, s'ils ne voyaient point d'apparence à s'établir agréablement à Paris; elle, à les aller joindre en France, s'ils s'y établissaient assez heureusement pour leur faire oublier leur patrie.

Ce détail ne m'apportant point les éclaircissemens que je désirais, je me vis réduit à implorer la pitié du Ciel, et à reconnaître devant lui, avec un ruisseau de larmes, que sa protection et son secours étaient mon unique espoir, dans un abîme où je ne voyais aucun jour. Avec quelle amertume lui ouvris-je le fond de mon cœur! Avec quelles instances ne sollicitai-je point sa compassion ? Et vous voyez bien, lui disais-je à chaque instant, que ce n'est pas pour moi-même! Mais vous abandonnez donc une malheureuse famille pour qui je vous adresse depuis si long-temps mes vœux ? Qu'allez-vous faire de Patrice ? Il est perdu. Sa conscience, son honneur, sa fortune, je vois tout ruiné par le même naufrage. Que ferez-vous de sa femme ? Je ne vois pour elle qu'un affreux désespoir, auquel toutes les qualités mêmes qu'elle a reçues de vous, ne sont que de plus fortes raisons de se livrer. O Ciel! m'écriai-je encore, si c'est dans l'extrémité du péril que tu te plais à signaler ta puissance, qu'attends-tu ? Le malheur de ma triste famille n'est-il pas au comble ?

J'arrêtai néanmoins des mouvemens dans lesquels je commençai à craindre qu'il n'entrât de l'impatience et de la révolte. Le souvenir de Linch, qui se présenta à mon esprit, me porta à m'informer s'il était dans un état qui ne lui permît de souffrir la vue personne ; et je me flattai que si je pouvais l'entretenir un moment, je recevrais de lui quelque explication. J'appris qu'il était à l'extrémité, ce qui ne m'empêcha point de me présenter chez lui, et de le faire avertir que je demandais à le voir. Il me fit introduire. Je le trouvai occupé à dicter une lettre, et je fus surpris d'apprendre qu'elle était pour moi. Vous voyez, me dit-il, avec quelle rigueur la fortune me traite. Je n'ai jamais formé d'entreprise qui m'ait réussi ; et dans le temps où le sentiment de ce que je vous dois me porte, autant qu'une nouvelle inclination, à vous sacrifier les anciens désirs de mon cœur, je péris par la main de votre frère. Il ne put achever sans pousser quelques soupirs. Je marquai une vive compassion pour le triste état où je le voyais, et je lui confessai que ne faisant que d'arriver d'Antrim, j'ignorais tout ce qui s'était passé dans mon absence. Il recueillit ses forces pour me tenir ce discours.

Vous ne douterez pas, me dit-il, de l'étonnement où je fus, à mon arrivée, en apprenant de mes gens que vous aviez trouvé le moyen de tromper ici leur vigilance, et que, par le conseil d'Anglesey, ils m'avaient entretenu dans l'erreur où leur première relation m'avait jeté. J'eus honte de l'obstination avec laquelle j'avais refusé de vous croire. Cependant, je ne pouvais me persuader encore que ce ne fût pas votre sœur qu'on avait enlevée avec vous, d'autant plus que mes gens n'avaient pas changé là-dessus d'opinion, et se flattaient toujours d'avoir exécuté fidèlement mes ordres. Comme ils avaient su, par diverses informations, que c'était dans la maison d'Anglesey que vous vous étiez retiré avec votre compagne, je ne perdis pas un moment pour m'y rendre; et je vous confesse que n'étant point encore sans espérance, je me hâtai d'autant plus, que je voulais mettre tous les momens de votre absence à profit. Je fus détrompé tout-à-fait par les gens d'Anglesey : mais apprenant d'eux, que votre frère était depuis quelques jours dans cette maison, je me fis une joie sensible de le voir, et de lui marquer, par mes caresses, une partie de la reconnaissance que je vous devais. Il les reçut avec plus d'ouverture que je n'avais droit de m'y attendre, après une violence dont je ne pouvais douter qu'il ne fût informé. Le malheureux succès de mon entreprise fut tourné en badinage ; et croyant remarquer qu'on me voyait sans défiance, je passai le reste du jour dans une compagnie que je trouvai pleine d'agrément. Je vous dis la source de mon malheur. Les charmes de mademoiselle de L... firent de profondes impressions sur moi, et je retournai chez moi tout pénétré de son image.

Ces nouveaux sentimens n'entrèrent point dans mon cœur sans me causer une extrême surprise. Mais si vous considérez combien mon ancienne passion m'avait causé de tourmens inutiles, et quelle diminution la ruine de mes derniers desseins avait dû mettre dans mes espérances, vous regarderez moins ce changement comme une inconstance que comme une marque de désespoir et de lassitude. Loin de m'en faire un reproche, je fortifiai cette inclination naissante par mes propres réflexions. Je vous devais de la reconnaissance. C'était répondre mal à votre générosité, que de m'obstiner à mettre le trouble dans votre famille, par des prétentions que je ne pouvais plus justifier. Il ne me restait même aucune voie pour les faire valoir. Je me crus trop heureux d'être parvenu sans effort à pouvoir accorder l'intérêt de mon devoir et celui de mon repos. Quoique je n'eusse jamais connu mademoiselle de L..., je me souvenais de quelques circonstances où j'avais été informé de sa naissance et de son bien. Elle était libre; le Ciel semblait me l'avoir amenée pour guérir toutes les plaies de mon cœur. Je pensai sérieusement à lui rendre des soins; et si elle continuait de me plaire, je résolus de lui offrir, avec ma main, une fortune qu'elle ne pouvait dédaigner.

Auriez-vous condamné ce projet ? Je ne fis que m'y conformer les jours suivans; et je m'applaudissais d'avoir trouvé l'occasion de rentrer naturellement dans certaines bornes, dont j'étais obligé de reconnaître que la force de mes passions m'a trop long-temps écarté. Je retournai assiduement chez d'Anglesey. Mes premières visites furent souffertes avec complaisance, et ma tendresse pour mademoiselle de L.... augmentait tous les jours. Mais le refroidissement de votre frère me fit bientôt comprendre qu'il avait pénétré mes vues, et qu'elles ne s'accordaient point avec les siennes. Ce ne fut pas tout d'un coup néanmoins que je pénétrai ses sentimens. Etant marié en Irlande, je ne l'aurais pas soupçonné d'être mon rival ; et lorsque je le pris en particulier pour lui expliquer le fond de mes desseins, je m'imaginais que ma conduite passée pouvant me rendre suspect, un reste d'attachement pour une jeune personne qu'il avait aimée, lui faisait craindre qu'il n'y eût quelque danger pour elle à m'écouter, et lui inspirait en un mot des défiances que je voulais dissiper par mes explications. Il les reçut avec une hauteur dont ma fierté fut piquée. Je passe sur un détail qui renouvellerait peut-être mon ressentiment; mais dès cette première ouverture nous ne nous serions pas séparés sans quelque violence, si le souvenir de vos bienfaits ne m'eût fait mettre de la modération dans mes réponses. Je vous écrivis le lendemain, et vous avez dû juger, par mon style, que je n'avais pas eu peu de peine à me vaincre. Cependant j'étais résolu de faire cet effort sur moi jusqu'à votre retour, et je me promettais que votre sagesse vous ferait approuver ma conduite et mes sentimens.

J'affectai donc de paraître insensible au procédé de votre frère; et ne pouvant douter qu'Anglesey, qui est mon parent, ne me vît volontiers chez lui, j'y retournai à l'heure que j'avais choisie pour mes visites. Mais j'eus le chagrin pour la première fois, de voir disparaître mademoiselle de L...... à mon arrivée. Votre frère ne s'étant point présenté aussi long-temps qu'elle fut absente, je confesse que la jalousie s'empara si furieusement de mon cœur, que j'eus mille tourmens à souffrir pour me rendre maître de mes transports. Je revins chez moi en formant divers projets de vengeance. Que fut-ce le lendemain, lorsqu'arrivant chez d'Anglesey, je les aperçus tous deux qui paraissaient fuir dans le parc pour éviter ma présence, et qui tournaient la tête par intervalles, comme pour s'assurer que je ne pourrais les découvrir? Ils n'avaient avec eux qu'une des sœurs d'Anglesey. Ma honte était trop claire. J'aurais fait éclater sur-le-champ les mouvemens qui m'agitaient, si je n'eusse appréhendé que d'Anglesey, avec qui j'étais, n'en eût pris occasion de m'observer. Je composai mon visage, tandis que j'avais le cœur cruellement déchiré; et feignant de me vouloir faire un jeu de les surprendre, je me glissai derrère les arbres jusque dans un lieu d'où je pouvais les voir et les entendre. Ce que j'aperçus justifia tous mes soupçons. Votre frère badinait familièrement avec ses compagnes; et s'il leur distribuait également ses caresses, je sus trop démêler que c'était pour faire passer les unes à la faveur des autres, et que celles qui s'adressaient à mademoiselle de L.... étaient bien animées par un autre air de tendresse. Elle ne les recevait pas non plus comme des libertés incommodes ou désagréables. Mes yeux pénétraient jusqu'au fond de leur cœur. Malheureuse disposition du mien, qui me faisait trouver mon supplice dans le bonheur d'autrui! Mais que devins-je lorsque j'entendis faire quelques railleries à votre frère, sur la patience que j'avais de m'ennuyer avec Anglesey et sa mère? Je n'y pus résister. J'avançai la tête; et prenant le moment qu'il avait les yeux tournés vers moi, je lui fis un signe qui ne lui fut pas difficile à comprendre. Je lui rends justice; il y répondit en galant homme. S'étant écarté sans affectation, il eut bientôt trouvé la route que je pris à quelque distance devant lui; et toujours cachés par les arbres, nous nous joignîmes dans un lieu propre à mon dessein. Furieux comme j'étais, je commençai par des reproches capables de le piquer. Il n'y répondit qu'en portant la main sur son épée. Notre combat dura peu. La fureur m'ayant fait perdre toutes mesures, je fus percé d'un coup qui m'a mis dans l'état où vous me voyez.

J'avouerai avec confusion que dans la rage de me voir abbatu aux pieds de mon rival, je pensai à recueillir tout ce qui me restait de force pour achever son ouvrage. J'étendis le bras vers mon épée qui était à quelques pas de moi, et je m'en serais donné mille coups si j'eusse pu la saisir. Mais quelque idée qu'il pût se former de mes vues, il l'écarta promptement avec le pied; et m'ayant promis de m'envoyer du secours, il me délivra aussitôt du tourment de le voir. C'en fut un plus mortel encore de penser qu'il allait jouir de son triomphe, et se faire un nouveau mérite du péril qu'il venait de partager.

Cependant, m'étant fort affaibli par la perte de mon sang, les mouvemens de fureur et de haine firent place à quelques sentimens de religion. Il me vint du secours. Je voulus être porté chez moi; et concevant, par l'épuisement de mes forces, que je touchais peut-être à mon dernier moment, je chargeai un de mes gens d'aller dire à votre frère que je lui pardonnais ma mort.

Il y a vingt-quatre heures que la vigueur de mon tempéramment me soutient contre toute espérance. Dans une situation où tous les désirs et les ressentimens s'éteignent, il m'est venu à l'esprit de vous écrire, non-seulement pour vous demander pardon de tous les chagrins que j'ai causés à votre famille, mais pour vous donner quelques marques d'amitié et de confiance qui vous persuaderont de la sincérité de mon repentir. N'ayant point de parens catholiques avec qui j'aie eu beaucoup de liaison, je vous remets la disposition du trésor que je me souviens d'avoir visité avec vous. Vous en ferez l'usage qui conviendra à votre piété et à vos lumières, soit que vous jugiez à propos de l'abandonner au roi Jacques, à qui je l'ai déjà offert, soit qu'il vous paraisse plus nécessaire de l'employer ici aux besoins des fidèles. Je crois devoir aussi quelque réparation à votre sœur, pour tant d'inquiétudes et de peines que ma folle passion lui a fait essuyer, et surtout pour l'obstacle que j'ai mis peut-être à son établissement. Les pierreries de ma mère lui étaient destinées dans mes premières vues. Acceptez-les pour elle, et qu'elles servent à lui faire oublier les raisons qu'elle a eues de me haïr. Hélas ! ajouta-t-il avec un profond soupir, mon sort a toujours été de me rendre odieux par les raisons qui servent aux autres à se faire aimer, et malheureux par les voies qui semblaient me devoir conduire au bonheur !

En finissant un discours, que l'excès de son affaiblissement lui avait fait interrompre vingt-fois, il se fit apporter une cassette qu'il me pria d'ouvrir. J'y trouvai, avec les diamans et les bijoux de sa mère, tous les mémoires qui appartenaient au trésor. M'ayant forcé de les accepter, il y joignit un billet signé de sa main, qu'il avait déjà préparé, et qui faisait foi de la cession volontaire qu'il me faisait de tous ses droits sur ce qu'il m'abandonnait. Les médecins l'avaient déjà pressé de finir un entretien qui altérait considérablement ses forces; et son naturel ardent ne l'abandonnant point jusqu'à l'extrémité, il les avait rejetés avec impatience. Mais les faisant rappeler, il se remit entre leurs mains avec plus de douceur, et il me demanda, pour unique témoignage d'amitié et de compassion, de demeurer auprès de lui pour recevoir ses derniers soupirs.

Un devoir si juste me retint deux jours, qui furent le terme de sa vie. Avec quelque zèle et quelques sentimens de reconnaissance que je fusse porté à lui rendre ce dernier office de la charité chrétienne, il était triste à mon cœur d'être appelé par d'autres obligations qui ne pouvaient se concilier avec un si long délai. Je souffris d'autant plus de cette pensée, qu'étant occupé continuellement à réciter les prières de l'église, je me trouvais même obligé de la rejeter comme une distraction. Cependant il était certain que Patrice étant parti au hasard, et sans être sûr de trouver à Waterford un vaisseau prêt à mettre à la voile, je pouvais espérer, avec un peu de diligence, de le joindre encore et peut-être de l'arrêter. Les combats d'honneur qui se font sans fraude et sans inégalité, ne sont pas punis en Irlande avec autant de rigueur qu'en France. Il y avait d'ailleurs mille moyens de le mettre à couvert des poursuites; et le danger, quel qu'il fût, aurait toujours été un moindre mal qu'un voyage entrepris contre toutes sortes de droits, et dont il ne fallait pas être fort éclairé pour prévoir les suites funestes. J'écartais néanmoins toutes ces réflexions; et remettant de si chers intérêts à la conduite du Ciel, j'en fis le sacrifice à la charité.

A peine la mort eut-elle fermé les yeux de milord Linch, que je me flattai de réparer encore le temps que j'avais perdu. J'avais eu la précaution de faire partir plusieurs chevaux de relais, qui devaient servir à me faire avancer avec toute la diligence possible dans un pays où l'usage de la poste n'est pas encore établi. Sans perdre un moment, je pris le chemin de Waterford, et je n'y serais pas arrivé plus vite avec des ailes. O nouvelle source de douleur! Mon frère était parti le même jour. Après avoir cherché inutilement une occasion pour le passage, l'impatience et la crainte leur avaient fait louer à grand prix le premier vaisseau qui s'était présenté. Je trouvai dans le lieu où ils avaient logé non-seulement le cocher d'Anglesey, qui y était encore avec ses chevaux et son carrosse, mais le laquais de Patrice, qui cherchait une voiture pour regagner le comté d'Antrim. Il ne sut pas plutôt qui j'étais, que, demandant à me voir, il m'apprit volontairement des circonstances que je brûlais d'entendre. Son maître, forcé de s'éloigner par le malheur qu'il avait eu de blesser mortellement milord Linch, lui avait laissé ordre de porter cette nouvelle à Antrim, et de le rejoindre ensuite à Paris. Le trouble d'un départ si précipité ne lui avait pas permis de m'écrire, ni à sa femme; mais il nous promettait de satisfaire à ce devoir en arrivant en France. Il recommandait miladi à mes soins, et la priait elle-même de ne pas se livrer à des excès d'affliction.

Ces attentions et ce langage me parurent autant d'artifices qui couvraient des inclinations et des vues toutes différentes. Je soupirai avec amertume; et n'ayant plus d'autre ressource que la pitié du Ciel, je lui demandai, pour prix du sacrifice que je lui avais fait auprès de milord Linch, d'arrêter les téméraires desseins d'un frère qui courait aveuglément à sa perte. Il n'était pas question de passer la mer pour le suivre. Outre l'incertitude de sa route et la difficulté de trouver un vaisseau, j'étais appelé par un autre soin qui partageait cruellement mon cœur. Je me représentais quel allait être le désespoir de ma belle-sœur en recevant le premier avis de cette nouvelle disgrâce, ou plutôt, pressentant déjà qu'elle aurait bientôt d'autres lumières, la compassion que j'avais pour son sort me faisait éprouver d'avance une partie de ses peines. C'était à elle que je devais les premiers efforts de mon zèle, pour réparer, du moins dans quelque mesure, les effets d'un mal que je ne pouvais plus empêcher.

Ainsi, condamné désormais à des courses continuelles, et fatigué presque également de corps et d'esprit, je repris la route d'Antrim, avec l'unique dessein de me rendre utile au repos de ma belle-sœur. J'avais exigé du laquais de Patrice qu'il se reposât sur moi de sa commission. Mais cette précaution était inutile. Dilnick, qui se présenta le premier à mon arrivée, m'apprit que sa nièce était déjà informée de ce que je pensais à lui déguiser, et que sa santé et son esprit étaient dans un égal désordre. Au moment qu'elle avait appris mon départ pour Dublin, elle s'était défiée qu'une résolution si peu méditée supposait quelque événement extraordinaire;

et son inquiétude étant redoublée par le mystère qu'on affectait, elle avait chargé un de ses gens de me suivre à quelque distance, avec ordre de veiller sur toutes mes démarches, et de l'informer promptement de tout ce qui aurait rapport à son mari. Cet argus était entré si fidèlement dans ses intentions, que, ne m'ayant point perdu de vue jusqu'au château d'Anglesey, il avait appris presque aussitôt que moi le combat de mon frère et sa fuite. Il était retourné avec la dernière diligence pour communiquer cette nouvelle à sa maîtresse; et, n'ayant point ménagé ses expressions, il l'avait jetée dans des alarmes qui mettaient sa vie même en danger.

Ma crainte fut d'abord que mademoiselle de L..... n'eût été mêlée dans ce récit; mais, n'entendant rien ajouter à Dilnick, je conçus que la précipitation du messager l'avait empêché de pénétrer plus loin que les apparences, et que la plus dangereuse partie du mal était ignorée. J'entrai chez ma belle-sœur avec cette confiance. Elle parut recevoir quelque consolation de mon arrivée; et le tour que je donnai à l'infortune de son mari contribuant encore à calmer ses agitations, je me persuadai de plus en plus qu'elle était sans défiance du côté de sa rivale. Cependant la proposition qu'elle me fit aussitôt de la conduire en France, aurait pu me faire naître quelque soupçon, si je ne l'eusse attribuée au mouvement d'une tendresse dont je connaissais l'excès, ou si je n'eusse cru du moins qu'elle ne pouvait avoir d'autre motif que le fondement que je connaissais à sa jalousie. J'opposai d'abord à ses instances le fâcheux état de sa santé, et l'espérance que j'avais de faciliter le retour de son mari; mais venant tout d'un coup à penser que, dans l'oubli de soi-même où je supposais Patrice, rien n'aurait tant de force pour le rappeler à son devoir que la présence d'une épouse vertueuse, dont le moindre regard serait capable de le couvrir de confusion, j'entrai volontiers dans cette idée; et, sans expliquer ce qui mettait un si prompt changement dans les miennes, je ne demandai à ma belle-sœur que de se rétablir assez pour entreprendre le voyage sans danger.

Un motif si puissant eut plus d'effet que tous les remèdes. Je remarquai sensiblement que chaque jour ajoutait quelque chose à ses forces. Elle ne parlait pas de notre projet sans une espèce de complaisance, qu'elle paraissait prendre dans ses idées. Nous nous trompions ainsi mutuellement; car si je ne lui avais pas découvert mes vues, elle était bien éloignée de m'avoir confessé les siennes. Aussitôt que je lui crus assez de santé pour faire espérer que le temps acheverait de la rétablir, je profitai de l'intervalle que cette espérance me laissait pour visiter mon troupeau. J'y fus reçu avec des larmes de joie; et si quelque chose balança jamais dans mon cœur les obligations de la nature, ce fut le zèle que je sentis renaître à cette vue.

Mais j'étais trop occupé des peines de ma belle-sœur pour oublier ce que je devais à sa consolation. Je la trouvai, à mon retour, non-seulement constante dans la résolution de partir, mais si bien rétablie de ses infirmités, que je ne pus attribuer ce miracle qu'à l'amour. Ses préparatifs étaient déjà faits pour le voyage, et j'admirai, comme une autre marque de sa vive tendresse, qu'elle eût moins pensé à ses propres besoins qu'à ceux de son mari; la plus grande partie de son équipage se trouvait composé de ce qui était à l'usage de mon frère. Ingrat! ne pus-je m'empêcher de dire en moi-même, comment refuses-tu ton cœur à tant d'amour et de vertu? Qui sait dans quel égarement nous allons te trouver, et si le plaisir de te voir, qu'on se propose avec tant d'ardeur et de joie, ne se changera pas bientôt dans un abîme de nouvelles douleurs?

Le soin de tout ce que ma belle-sœur laissait derrière elle, fut confié à Dilnick. Il avait approuvé lui-même notre voyage; et l'opinion qu'il avait de ma bonne foi le rassurant contre toutes les craintes que Fincer lui avait inspirées, il nous vit partir sans inquiétude. Un vaisseau, qui faisait voile à Dunkerque, nous transporta heureusement dans cette ville, où nous trouvâmes toutes sortes de commodités pour nous rendre à Paris.

Ce voyage, que j'avais entrepris avec moins de répugnance que de joie, me fit des impressions toutes différentes à mesure que nous avancions vers le terme. J'ignorais dans quelle situation nous allions trouver Patrice; et, forcé de me livrer à mille soupçons funestes qu'il m'avait été plus facile de suspendre dans l'éloignement, je tremblais que tous les maux que j'avais à craindre ne fussent déjà sans remède. Il me semblait même que la présence de ma belle-sœur n'était propre qu'à les irriter. De quel œil un mari coupable peut-il voir une femme dont il n'attend que des reproches? Souvent la honte se change en dureté et en obstination pour se déguiser; et tel qui n'avait livré au désordre que la moitié de son cœur, trouve des raisons pour s'y abandonner sans réserve, lorsqu'il est pressé de se justifier. D'ailleurs, ayant écrit deux fois à Rose, je n'avais pas reçu de réponse. C'était le sujet d'une autre inquiétude, que je n'avais pas sentie si vivement en Irlande qu'en approchant de Paris. Ainsi l'obscurité et l'épouvante semblaient précéder mes pas; et, loin de me promettre de la satisfaction en revoyant ce que j'avais de plus cher, je m'occupais tristement à m'armer de force pour essuyer peut-être une infinité de nouvelles douleurs.

Mes incertitudes me causèrent tant de trouble le dernier jour du voyage, que, n'osant m'enfoncer sans précaution dans de si affreuses ténèbres, je pris le parti de m'arrêter à Saint-Denis, d'où je fis partir aussitôt mon valet avec divers ordres. Il me fut aisé de faire approuver à ma belle-sœur les prétextes que je lui apportai pour ce retardement. La première commission dont je chargeai Jacin fut de porter au comte de S..... la nouvelle de mon arrivée; mais en le faisant avertir que j'avais avec moi ma belle-sœur, je ne jugeai point à propos qu'il fût informé de mes alarmes sur la conduite de Patrice. Jacin avait assez d'esprit pour ne rien confondre; et, comme il n'ignorait pas ce que je lui ordonnais de cacher, je le crus même capable de tirer adroitement du comte ce qu'il jugerait propre à m'éclaircir. De là, il devait aller à notre terre des Saisons, si milord Tenermill et Rose s'y étaient retirés, comme je me l'imaginais, ou à celle du comte, s'ils y demeuraient encore. Je lui recommandai d'éviter avec soin la vue de Patrice, dans quelque lieu qu'il pût le rencontrer, et d'employer toute son adresse pour voir milord Tenermill sans témoins. Ce que je l'avais chargé de lui dire se réduisait à quatre mots. Sans parler de ma belle-sœur, il devait le prier de me venir joindre à Saint-Denis, où je l'attendais pour des affaires qui demandaient autant de diligence que de secret.

Il n'y aura personne qui n'entre ici dans mes vues. Quelque opinion que les discours de Tenermill m'eussent fait prendre de ses principes, je ne pouvais me persuader que l'honneur ne lui inspirât point d'autres sentimens, lorsque ayant vu ma belle-sœur, et se trouvant pressé par ses larmes autant que par mes instances, de contribuer à lui rendre son mari, il serait forcé de reconnaître que son propre intérêt lui en ferait une nécessité; car il ne fallait pas s'attendre que la moindre infidélité de Patrice pût être long-temps cachée à son épouse, ni qu'elle fût d'humeur à supporter les outrages d'un ingrat qui devait tout à ses bienfaits. Des plaintes aussi justes que les siennes ne pouvaient manquer de se faire entendre; et sur qui la honte d'un tel éclat devait-elle tomber plus directement que sur lui-même, qui avait mille raisons de ménager son honneur et celui de sa famille, dans un pays où ses espérances n'avaient jamais eu d'autres fondemens?

J'étais occupé de ces réflexions lorsque le bruit d'un équipage qui s'arrêtait vis-à-vis de la porte, m'ayant fait mettre la tête à ma fenêtre, je le reconnus pour le carrosse du comte de S....., que j'en vis sortir aussitôt. Ma surprise ne tomba d'abord que sur la diligence de Jacin, qui ne devait pas avoir perdu un moment, et sur le zèle du comte, à qui l'amitié semblait avoir prêté des ailes. Mais je fus vivement ému en voyant sortir du carrosse, après lui, mes deux frères; et par quels termes représenterai-je l'excès de mon trouble, lorsque, ayant tourné tous trois le visage vers la portière, je leur vis donner la main à deux dames, qui étaient mademoiselle de L..... et ma sœur?

Il me serait échappé un cri de douleur et d'étonnement, si la bonté du Ciel ne m'eût remis tout d'un coup devant les yeux les intérêts que j'avais à ménager. Ce fut encore un miracle de la Providence, que celle pour qui je m'alarmais avec tant de raisons n'eût pas même la curiosité de me demander ce que j'avais vu, et que, livrée à ses méditations ordinaires, elle fût demeurée tranquillement assise à quelque distance de la fenêtre. Cette pensée me fit rappeler heureusement toute ma présence d'esprit. Je tirai de ma poche un livre dont je m'étais muni pour éviter l'ennui du voyage; et, demandant à ma belle-sœur la permission de la quitter un moment, je la pressai d'en lire quelques pages, dont je lui témoignai que je serais bien aise de savoir son sentiment. Je sortis aussitôt sans affectation. Mais à peine eus-je tiré sur moi la porte de ma chambre, que je descendis l'escalier avec une promptitude égale à ma crainte, en maudissant Jacin, que j'accusais de m'avoir jeté dans un si cruel embarras.

Le premier objet que je rencontrai fut un des gens de ma sœur, qui, ayant aperçu son maître se hâtait de monter pour nous avertir de son arrivée. Je l'arrêtai avec feu; et, lui ayant défendu d'entrer dans la chambre de sa maîtresse, sous peine d'être renvoyé sur-le-champ en Irlande, je lui donnai ordre de se tenir au bas de l'escalier, pour faire de ma part la même déclaration à nos autres domestiques. Il ne me vint pas le moindre doute que Patrice et toute sa compagnie n'eût appris de Jacin que ma belle-sœur était avec moi; et quand je ne les aurais pas cru bien instruits par cet indiscret, je n'aurais pu m'imaginer que, de quatre domestiques qu'elle avait à sa suite, il n'y en eût pas un qui se fût trouvé à la porte, et qui n'eût été reconnu par son maître. Cependant, n'ayant point vu paraître Jacin, et remarquant que le comte et mes frères étaient encore à demander aux domestiques de la maison de quel côté ils devaient prendre pour monter à ma chambre, je me flattai de pouvoir me tirer de ce labyrinthe, et je résolus, en les abordant, d'attendre leurs explications.

Après quelques vives effusions de tendresse, qui ne furent mêlées d'aucun éclaircissement, je leur fis ouvrir une chambre éloignée de celle où j'avais laissé ma belle-sœur, et j'y entrai avec eux. Dans la confusion de ces premiers mouvemens, je ne laissai pas d'avoir les yeux particulièrement attachés sur Patrice, et je crus démêler sur son visage un air d'embarras qui décélait un cœur coupable. La tranquillité qui paraissait au contraire sur celui de mademoiselle de L.... était une marque qu'elle ne se croyait plus si malheureuse, et je regardai deux dispositions si différentes comme des effets de la même cause. On s'assit. Milord Tenermill prit la parole. Il semblait à sa contenance qu'il eût mille choses à m'apprendre, et qu'il ne sût laquelle il devait expliquer la première. Il ne manquait à notre joie, me dit-il enfin, que de vous voir arriver pour y prendre part. Vous ne voyez pas un seul de nous qui n'ait le cœur satisfait, et qui ne soit charmé de vous avoir pour témoin de son bonheur. Patrice même, ajouta-t-il en le regardant avec un air d'intelligence qui le fit rougir, ne me désavouera point, si j'assure qu'il est content de ses espérances, et que depuis quatre jours il a lieu de se louer de la fortune. Mais ce que nous avons à vous apprendre demande d'être expliqué avec moins d'obscurité.

Après bien des ennuis et des langueurs,

reprit-il en souriant, ma sœur est à la veille d'obtenir tout ce qu'elle a désiré. M. le comte a détruit tous les obstacles qui nous ont fait craindre long-temps pour la succession de des Pesses. Il a gagné lui-même son procès. Il n'attend, pour la conclusion de son mariage, que l'expiration d'un temps fort court qu'il doit encore à la bienséance. Il meurt d'impatience, et je crois que celle de Rose est égale. Mon bonheur a voulu, continua-t-il, que le roi Jacques ait pris pour moi des sentimens favorables. Sa recommandation m'a fait obtenir un régiment irlandais qui est commandé pour passer la mer au premier jour. Il y a joint une pension de douze mille francs sur sa cassette, et sa bonté me fait espérer que ce ne sera pas le dernier de ses bienfaits. Mais ce qui me rend sa faveur encore plus précieuse, c'est qu'elle m'a fait employer heureusement mes soins pour la satisfaction de Patrice. Il est revenu en France avec tous les sujets de tristesse que vous n'ignorez pas. Un mariage forcé, une épouse odieuse, un démêlé avec la justice pour la mort de Linch, une répugnance invincible à retourner en Irlande, quand il trouverait toutes les facilités qu'il ne peut espérer; et pour ne pas déguiser ce qui lui est le plus honorable, une tendresse pour mademoiselle de L..... qui est à l'épreuve de toutes sortes d'obstacles, et qui est bien justifiée par le mérite et les sentimens de celle qui l'a fait naître; tant de raisons m'ont fait entrer dans ses peines, et m'ont porté à ne rien épargner pour les soulager. J'ai communiqué toutes ses infortunes au Roi. Ce prince, qui avait appris avec chagrin qu'il s'était marié en Irlande, surtout avec la fille de Fincer, dont vous n'avez pu douter que le nom ne fût odieux à Saint-Germain, a marqué beaucoup d'envie de le secourir; et lorsqu'il a su qu'après plusieurs mois de mariage il n'avait point encore eu de commerce avec sa femme, il a été le premier à croire qu'un nœud si mal assorti pouvait se rompre facilement. J'ai saisi avidement cette ouverture. L'affaire fut consulté, il y a quatre jours, par les meilleurs avocats de Paris; et leur réponse est si favorable, que nous ne pensons qu'à faire venir d'Irlande les informations et les témoins nécessaires pour faire notre demande en justice. Mais votre arrivée, ajouta Tenermill, abrégera une partie de nos peines; car nous ne saurions croire que vous fassiez difficulté d'entrer dans un projet si juste; et quoique le mariage de Patrice ait été votre ouvrage, vous n'êtes plus sans doute à reconnaître qu'un engagement si malheureux n'est point approuvé du Ciel, et ne peut être rompu trop tôt.

Il se tut pour attendre ma réponse. C'est au Ciel sans doute que je fus redevable de la force qui me rendit maître des mouvemens de mon cœur, et qui me fit modérer mes expressions. Je les félicitai en peu de mots sur cette partie de leurs prospérités qui ne blessait ni les droits de la religion, ni l'équité naturelle; et regardant fixement Patrice dont la rougeur marquait assez l'embarras, je lui demandai d'un air et d'un ton douloureux, si c'était du fond du cœur qu'il donnait la qualité d'odieuse à une femme aimable et passionnée pour lui. Il se hâta de me répondre qu'il ne s'était jamais servi de ce terme, et que son frère avait mal interprété ses sentimens ; mais que je n'ignorais pas aussi que tout ce qu'il avait jamais senti pour elle étant de la reconnaissance et de l'estime, il avait regardé, dès le premier moment, son mariage comme un supplice ; et qu'il était certain d'ailleurs que pendant le long séjour qu'il avait fait avec sa femme, à peine s'était-il échappé à lui toucher la main. Je sais, lui dis-je en l'interrompant, que vous l'avez traitée avec beaucoup de froideur ; mais vos fautes ne changent rien à son mérite, et ne diminuent rien de ses droits. C'est vous faire assez mal ma cour, ajoutai-je en tournant les yeux vers mademoiselle de L......; mais je vous connais, Mademoiselle, autant de vertu que d'esprit et de beauté ; et quand j'ai pris part à vos chagrins, j'ai supposé que vous ne m'exposeriez jamais à la nécessité de changer de sentimens.

Ma vue dans cette espèce de diversion était de la piquer d'honneur ; et craignant de m'engager trop loin avec mes frères, j'étais bien aise de prendre une voie indirecte pour leur déclarer nettement mes dispositions. Mais Tenermill, affectant sa supériorité ordinaire sur ce qu'il nommait ma délicatesse et mes scrupules, se leva avec un air de suffisance ; et prévenant mademoiselle de L.... qui paraissait embarrassée à me répondre : Fiez-vous à moi, Mademoiselle, lui dit-il, et soyez sans crainte. Je vous promets qu'avant deux jours il nous fera la grâce de penser comme le Roi, comme tous les honnêtes gens de Paris, et comme nous. Vous verrez, ajouta-t-il avec un souris ironique, qu'il nous pressera à la fin de ne pas choisir une autre main que la sienne pour vous donner la bénédiction du mariage ; ou s'il continue de nous chagriner par ses petites objections, nous le prierons de se mêler uniquement de ses livres. Ensuite se tournant vers moi d'un visage riant, il me répéta qu'il était charmé de mon retour, et que, si je l'en voulais croire, nous prendrions tous ensemble le chemin de Paris, où je serais témoin de mille choses qui flatteraient la tendresse dont j'étais rempli pour ma famille.

Arrêtez, lui dis-je d'un ton ferme, au moment qu'il invitait les dames à sortir. Je suis peu sensible à tout ce qui ne blesse que la considération que vous devez à mon caractère et à mon âge. Mais soyez-les vous-mêmes à des motifs beaucoup plus pressans. Et ne balançant point à leur déclarer que ma belle sœur était dans une chambre de la même auberge, je suis curieux d'apprendre, dis-je à Tenermill, quels prétextes de divorce votre imagination sera capable de vous fournir contre une femme qui joint à mille charmes naturels une vertu sans reproche, et tant d'amour pour son mari, que sans se rebuter de son ingratitude et de sa dureté, elle abandonne sa patrie pour le chercher au travers de mille dangers. Il sera nouveau pour les juges de France, d'entendre donner le nom de crime à des excès de bonté et de tendresse, et d'en voir prendre une occasion de mépris et de dégoût. J'avais compté, ajoutai-je, qu'en ménageant les choses avec un peu de prudence, je pourrais vous ramener tous à des résolutions honnêtes et vertueuses ; et je m'applaudissais d'avoir pu dérober ici votre arrivée à ma belle-sœur, dans l'espérance du moins de vous disposer à la recevoir civilement. Mais puisque vous rejetez toutes sortes de compositions, c'est à vous de vous précautionner d'avance contre ses justes plaintes. Elle ne sera point condamnée sans être entendue. Elle ne manque ni de courage ni d'esprit pour repousser une injure. Son bien lui fera trouver des défenseurs, si elle n'en peut espérer de la justice ; et je ne vous dissimulerai point que loin d'entrer dans vos projets, je prendrai parti jusqu'au dernier soupir pour son infortune et sa vertu.

L'embarras où je les vis me forma pendant quelques momens un spectacle qui eut de la douceur pour mes yeux. C'était une vengeance bien innocente, puisque le fruit que j'en espérais était encore de leur inspirer des sentimens raisonnables. Je les vis long-temps comme incertains. A quoi nous exposez-vous? me dit brusquement Tenermill. Et prenant le comte et Patrice à l'écart, ils tinrent conseil ensemble avec des précautions extrêmes pour n'être pas entendus. Je ne les gênai point; mais profitant de cet intervalle, je fis quelques reproches à mademoiselle de L.... du trouble qu'elle allait répandre dans ma famille. Est-ce vous, lui dis-je, dont la douceur et la vertu m'avaient inspiré tant d'estime? Comment s'oublie-t-on jusqu'à cet excès? Qu'espérez-vous? Avez-vous songé qu'en ruinant notre repos, vous vous exposez presque infailliblement à vous perdre de réputation? car le succès dont mes frères se flattent est bien éloigné. Je soutiendrai l'intérêt de ma belle-sœur jusqu'au tombeau. C'est un faux exposé qui vous a rendu les consultations favorables. J'instruirai les juges. Je ferai ouvrir les yeux sur vous à toute la France. Elle me répondit avec beaucoup de larmes, qu'elle ne souhaitait ni la ruine de notre repos, ni le malheur de personne ; et que si elle s'était flattée de quelque espérance, c'était depuis que milord Tenermill l'avait assurée de la protection du Roi et de la faveur des juges. Rose, qui paraissait s'intéresser beaucoup pour elle, confirma cette réponse par son témoignage. Elle ajouta même adroitement tout ce qu'elle put s'imaginer de plus propre à la justifier. Mais dès qu'elle semblait se déclarer contre ma belle-sœur, elle m'était suspecte, et je soupirais amèrement en faisant réflexion que je ne pouvais plus prendre de confiance à personne.

Cependant mes frères revinrent à moi ; et Patrice, à qui il convenait de m'expliquer leur résolution, me pria de continuer, comme j'avais heureusement commencé, à cacher à sa femme qu'il fût venu si près d'elle. Nous allons vous quitter, ajouta-t-il en baissant les yeux, et nous nous promettons de vous revoir à Paris ; mais vous avez dû comprendre que dans les circonstances où nous sommes, la bienséance ne nous permet pas de voir mon épouse. Chargez-vous, me dit-il encore, de la loger comme il convient à sa condition, sans lui faire connaître que vous m'ayez vu, et que vous sachiez où je suis. Je m'expliquerai d'avantage avec vous chez M. le comte de S..., où vous me trouverez presqu'à toutes les heures du jour.

Quoique chaque mot de ce discours, et cette crainte surtout de blesser la bienséance en revoyant sa femme, fût capable d'allumer ma colère et mon indignation, je fis violence à tous mes sentimens; et concevant en effet qu'après avoir si peu gagné à leur apprendre qu'elle était avec moi, j'avais plus à espérer qu'à craindre d'une entrevue qui ne se ferait point sans quelque explication dangereuse, j'étais porté à favoriser sur-le-champ leur départ. D'ailleurs, s'il me restait quelqu'espérance de ramener Patrice à son devoir, ce n'était pas dans la confusion d'une compagnie si nombreuse que je voulais m'attacher à cette grande entreprise, et ma crainte n'était pas de manquer l'occasion de le revoir à Paris. Mais il me vint à l'esprit deux objections que je lui proposai avec douceur : l'une, qui regardait la difficulté de cacher à ma belle-sœur ce qui avait été aperçu de ses domestiques; et je lui racontai là-dessus les précautions que j'avais été forcé de prendre pour empêcher qu'elle ne fût déjà informée de son arrivée. En second lieu, lui dis-je, quelle apparence de la loger dans une maison étrangère, lorsque nous sommes tous à Paris, et qu'elle n'ignore pas que milord Tenermill et Rose y ont un établissement? J'avais la larme à l'œil et l'amertume dans le cœur en leur faisant faire cette dernière réflexion. Mais ils ne parurent embarrassés que dans la première. Ce n'est point l'usage de Paris, me dit sèchement milord Tenermill, qu'un étranger se loge chez ses parens ni chez ses amis. Pour l'autre difficulté, ajouta-t-il en s'adressant à Patrice, c'est à vous d'examiner si vous êtes disposé à risquer une visite, dont il est difficile en effet que vous puissiez vous dispenser, s'il est vrai que vous ayez été aperçu. Ils recommencèrent à délibérer sur un embarras si pressant; et la conclusion fut que dans les termes où l'on était encore, cette civilité était indispensable. Mais Patrice ne put se résoudre à paraître seul. Il proposa au comte et à Rose de l'accompagner, tandis que Tenermill, qui n'était connu d'aucun de nos domestiques, demeurerait avec mademoiselle de L... dans la chambre où nous étions. Cette résolution, à laquelle j'étais fort éloigné de m'opposer, leur fit venir aussi la pensée de se prémunir contre les embarras du logement. On convint que pour sauver l'indécence qu'il y avait à ne pas se mêler de ce soin, Patrice se chargerait réellement d'en chercher un commode à Paris, et qu'il apporterait en même temps ce prétexte pour abréger sa visite. Il devait feindre aussi qu'un reste de crainte, qui venait encore de son premier duel, et qui l'obligeait à garder quelques mesures, ne lui permettait pas de paraître assez ouvertement pour se loger avec sa femme.

J'écoutai avec pitié cet odieux arrangement, et j'admirais même qu'après la manière dont je m'étais expliqué, ils craignissent si peu de me rendre témoin de leurs résolutions. Mais cette pensée me consola, parce qu'elle semblait me laisser encore quelque ressource dans la bonté de leur caractère. C'était beaucoup obtenir que de les empêcher de rompre ouvertement dans des circonstances qui seraient peut-être devenues irréparables. Je les pressai d'exécuter ce qu'ils m'avaient promis. Nous laissâmes Tenermill avec mademoiselle de L..., qui paraissait soutenir à regret un personnage si violent.

L'arrivée imprévue de Patrice, et la douceur que ma belle-sœur trouva sans doute à se flatter que c'était l'impatience de la revoir qui amenait son mari audevant d'elle, la mirent pendant quelques momens dans une des plus agréables situations qu'elle eût éprouvées depuis son mariage. Elle se précipita vers lui avec un espèce de transport; et, dans l'excès de sa joie, elle avait peine à trouver des expressions qui répondissent à ses sentimens. Il parut embarrassé à recevoir ses caresses. Ce fut pour s'en délivrer qu'il la pria de s'asseoir; et n'ayant pu refuser de se placer près d'elle, il eut la dureté de retirer sa main dont elle se saisit plusieurs fois. S'il ne lui fit pas des reproches de son voyage, il fut si éloigné de lui en marquer de la reconnaissance, que l'attribuant au désir de voir Paris, il en prit occasion tout d'un coup de lui parler des agrémens de cette ville, et du soin qu'il allait prendre de lui choisir un logement dans le plus beau quartier. Mais c'était s'exposer à des objections que j'avais prévues. Elle lui répondit que le lieu qu'il habitait serait toujours le seul qui pût lui plaire, et que n'ayant quitté l'Irlande que pour le rejoindre, elle n'avait point d'autre demeure à choisir que la sienne. Ce fut là qu'il voulut alléguer les excuses qu'il avait préparées. Mais elle y satisfit par des réponses si simples et si naturelles, qu'il serait tombé dans le dernier embarras, si Rose n'eût pris la parole pour le soulager. Soit qu'elle craignît de lui voir rompre toutes sortes de mesures, soit qu'elle ne pût se défendre d'un juste sentiment de tendresse et de compassion pour une femme aimable et malheureuse, elle lui proposa d'aller descendre aux Saisons, où elle s'offrit à l'accompagner, pendant qu'on prendrait d'autres soins pour se loger plus commodément à Paris. Ce discours eut plus d'effet peut-être que Rose ne s'en était promis. En faisant entendre que c'était faute de commodité que Patrice s'était défendu de demeurer avec sa femme, elle écarta les soupçons qui ne s'élevaient déjà que trop dans l'esprit de ma belle-sœur ; et réparant par cette marque d'amitié l'air de froideur et de contrainte avec lequel elle avait comme affecté jusqu'alors de garder le silence, elle lui fit prendre une meilleure opinion de l'accueil qu'elle devait espérer dans notre famille.

En effet, le changement que j'aperçus sur son visage, me fit juger qu'elle s'était rassurée par ces deux réflexions. Dans les mouvemens qu'elle avait ressentis à la vue de Patrice, elle avait fait peu d'attention aux premières civilités de ma sœur; et n'ayant jamais eu de liaison familière avec elle, peut-être ne l'avait-elle pas reconnue. Mais ne pouvant douter à qui elle parlait, après l'avoir entendue, elle se leva pour l'accabler de caresses et pour la remercier de ses offres. J'étais attentif à toutes les circonstances de ce spectacle. Enfin, vivement pénétré du service que Rose venait de nous rendre; j'ajoutai mille choses qui firent une nécessité à Patrice de l'approuver; et, pour serrer de plus en plus ce nouveau nœud, je présentai le comte de S.... à ma belle-sœur, comme un homme qui nous appartenait déjà par ses engagemens, et qui avait trop de mérite pour ne pas sentir tout ce qu'elle valait elle-même. Il ne put se dispenser de soutenir ce compliment par toutes les galanteries qui sont familières aux Français. Ainsi la conversation s'étant animée par degrés et prenant un tour fort civil et fort tendre, je commençais à me flatter qu'il n'arriverait rien du moins qui pût troubler des apparences si tranquilles.

Je m'efforçais de les confirmer par tout ce que je pouvais m'imaginer de plus doux et de plus amusant, lorsqu'un des gens de ma belle-sœur, celui qu'elle avait envoyé secrètement chez Anglesey, entra dans la chambre; et s'approchant de l'oreille de sa maîtresse, lui tint un discours qu'elle parut entendre avec beaucoup d'émotion. Le silence auquel cet incident nous força tout d'un coup, donna le temps à Patrice, qui était assis près d'elle, et que son inquiétude pour mademoiselle de L... portait à la défiance, de recueillir la plus grande partie d'un récit qui l'intéressait. Je le vis fort ému à son tour, jusqu'au point de se lever avec un mouvement fort animé, et de nous quitter sans prononcer un seul mot. Ma belle-sœur, alarmée d'un départ si brusque, le pria instamment de ne pas sortir sans l'écouter. Il descendit sans faire attention à sa prière. Quoiqu'à la distance où j'étais je n'eusse rien entendu qui fût capable de me donner le moindre soupçon, je ne pus douter qu'il n'eût été choqué de quelque chose que j'ignorais; et remarquant d'un autre côté la consternation de ma belle-sœur, qui allait jusqu'à me faire craindre qu'elle ne tombât sans connaissance, je conjurai Rose et le comte de suivre le faible Patrice, et d'empêcher qu'il ne lui échappât rien d'indécent. Ils parurent entrer volontiers dans mes vues. Je demeurai seul avec la triste compagne de mon voyage, qui justifia aussitôt mes craintes en tombant dans un profond évanouissement. Elle fut assez long-temps dans cet état, et je m'empressai de la secourir par toutes sortes de soins. Tandis que j'étais occupé autour d'elle, et que, pour éviter l'éclat, j'avais pris le parti de ne point employer d'autre assistance que celle du laquais qui était la cause de ce désordre, j'entendis le carrosse du comte qui paraissait s'éloigner de l'auberge. Le soupçon d'un nouveau malheur me fit mettre la tête à la fenêtre. Je le vis en effet qui reprenait le chemin de Paris, et qui marchait grand train.

Dans quel excès de trouble ne retombai-je pas tout d'un coup? Rien ne m'aidait à pénétrer le fond d'une si cruelle aventure; mais son obscurité même fut un tourment si douloureux pour moi, que je me crus prêt à tomber dans le triste état où je voyais encore ma belle-sœur. Je demandai en vain des éclaircissemens au misérable qui était venu souffler au milieu de nous le poison et la mort. Il paraissait tremblant de crainte et de douleur; mais il refusa absolument de me répondre. Je lui ordonnai de descendre, du moins pour s'informer exactement qui venait de partir dans l'équipage du comte; et désespérant de faire rappeler ses esprits à ma belle-sœur sans le secours de ses femmes, je fus contraint de les faire appeler.

Elle tarda peu néanmoins à retrouver la connaissance; mais ses yeux ne s'ouvrirent que pour verser un torrent de pleurs, et sa bouche pour se livrer aux plaintes les plus amères. Elle demanda ce qu'était devenu son mari. Ses domestiques, qui s'étaient assemblés autour d'elle, ne purent lui déguiser qu'il était parti. Ils avaient été témoins de la précipitation avec laquelle il était descendu; et l'ayant observé avec d'autant plus de curiosité, qu'ils étaient déjà instruits de ce que nous avions voulu cacher, ils l'avaient vu délibérer un moment avec ses compagnons, et regagner comme à la dérobée le carrosse du comte avec eux. Ma belle-sœur, encore plus frappée de ce récit, redoubla ses larmes, en s'écriant qu'elle était perdue. J'ignorais autant ce qui était capable de l'affliger à cet excès, que ce qui avait pu faire prendre à mes frères et à ma sœur une résolution si extraordinaire. Je la priai de m'éclaircir. Ah! me dit-elle, vous ne savez pas qu'il me hait, et qu'il n'a jamais eu pour moi le moindre sentiment de tendresse. Il est passionné pour une autre femme. C'est bien moins son combat que l'envie de la suivre, qui l'a fait passer en France. J'ai tout appris, et j'ai eu la force de vous le cacher. Mais pourquoi m'insulter? continua-t-elle. Pourquoi joindre l'outrage à la trahison? Croiriez-vous que dans le temps qu'il vient m'amuser ici par un faux semblant de complaisance et de zèle, il travaille à faire casser notre mariage? Avez-vous vu une femme qui était ici à l'attendre? C'est sa maîtresse : il n'a pas eu honte de l'amener avec lui.

Elle ordonna là-dessus à ses gens de me raconter ce qu'ils avaient appris de ceux du comte. Ces malheureux, dont la plupart sont aussi peu capables de discrétion que de fidélité et d'honneur, s'étaient entretenus, en effet, des affaires de leurs maîtres; et l'un des nôtres, pour qui ma belle-sœur avait une certaine confiance, s'était hâté de lui venir apprendre tout ce qu'il avait pu découvrir. Je conçus alors que Patrice, qui avait prêté l'oreille à son discours, n'avait pu soutenir plus long-temps la présence d'une femme qu'il outrageait; et que s'étant retrouvé avec Tenermill et le comte, ils avaient conclu ensemble qu'après l'éclaircissement qu'elle venait de recevoir, il n'y avait plus de mesures à garder avec elle. Toutes les réflexions qui se présentèrent à mon esprit n'étant d'aucun secours pour le mal présent, j'employai mes efforts à la consoler. Avec quelques soins que Patrice pût me fuir, je ne craignais pas d'être trop long-temps à le retrouver. Ainsi, je promis hardiment à ma belle-sœur que nous ne passerions pas vingt-quatre heures sans le revoir. Reposez-vous, lui dis-je, sur mon honneur et sur mon zèle. Le malheur dont vous vous croyez menacée ne saurait être l'ouvrage d'un jour. J'ai des ressources que je ne vous explique point. Si l'espérance que j'ai encore de ramener mon frère à son devoir ne réussit point par les premières voies que je veux tenter, je vous engage ma parole que celles que je réserve à l'extrémité seront plus infaillibles.

En effet, l'indignation dont j'étais rempli me fit naître tout d'un coup quantité d'expédiens dont le succès me parut certain. Mais la difficulté présente était de me déterminer sur le lieu où nous devions descendre à Paris. Cependant l'arrivée de Jacin, et l'impatience que j'eus de l'accabler de reproches, me firent suspendre cette délibération. J'allai vivement au-devant de lui, autant pour suivre le mouvement qui m'agitait, que pour dérober cette nouvelle scène à ma belle-sœur. L'embarras avec lequel il m'aborda, me fit juger qu'il savait une partie du mal qu'il avait causé. Son repentir n'étant point une satisfaction suffisante, je le reçus d'un air terrible, et je le traitai avec les termes les plus durs. Je connais ma faute, me dit-il; cependant vous me trouverez excusable, si vous voulez m'entendre. Mais, reprit-il, avant que de vous raconter avec quelle fidélité j'ai exécuté vos ordres, je dois m'acquitter d'une commission encore plus pressante. Il continua de me dire qu'il avait rencontré le carrosse du comte de S...., et que s'étant approché de la portière, ma sœur lui avait ordonné secrètement de faire la dernière diligence pour me venir conjurer de sa part de ne pas choisir d'autre demeure que les Saisons. Elle vous promet ajouta-t-il, de ne pas perdre un moment pour s'y rendre. Je regardai le soin qu'il avait de commencer par une déclaration si agréable, comme un tour fort adroit pour m'appaiser. Cette nouvelle me causa en effet tant de satisfaction, qu'elle dissipa tout d'un coup mon ressentiment. L'ayant pressé néanmoins d'achever, il me dit que dans la crainte de s'écarter de mes ordres, il avait caché à M. le comte, non-seulement l'arrivée de ma belle-sœur, mais la commission que je lui avais donnée de chercher mes frères. C'était ce malheureux excès de précaution qui avait causé tout le trouble; parce qu'étant allé aux Saisons, où il avait espéré de les trouver, le comte, à qui il n'avait pas recommandé le silence, et qui pouvait les joindre bien plus tôt que lui, puisqu'ils étaient à Paris et dans son voisinage, leur avait communiqué aussitôt ce qu'il venait d'apprendre. Ils étaient partis sur-le-champ pour Saint-Denis; de sorte que n'ayant pu savoir qu'aux Saisons que c'était à Paris qu'il devait retourner pour les voir, il avait eu le chagrin de les trouver partis à son retour. S'imaginant bien que toute sa diligence pour les prévenir serait inutile, il avait employé le temps à s'informer de la situation de leurs affaires. Elle était heureuse du côté de la fortune; mais il tremblait, me dit-il, à m'apprendre que mon frère devait épouser mademoiselle de L.... Une nouvelle si étrange l'ayant fait remonter à cheval aussitôt, il avait conçu que ce serait une triste entrevue que celle de Patrice et de ma belle-sœur; et ce qu'il avait appris, ajouta-t-il, des domestiques qui suivaient le carrosse du comte, n'avait que trop confirmé ses conjectures.

Sans répondre à ce récit, je lui fis reprendre sur-le-champ le chemin des Saisons, pour y faire préparer toutes les commodités nécessaires. Il ne me restait de sa relation que le chagrin de voir nos affaires trop connues de nos domestiques, et celui même d'en croire le public à demi informé; mais cette peine était si avantageusement compensée par la joie que je ressentis de l'attention de Rose, que je me hâtai de rejoindre ma belle-sœur pour la consoler par cette nouvelle. J'avais eu peine à concevoir que Rose, après avoir paru s'attendrir sur son malheur, eût pu se résoudre à l'abandonner tout d'un coup, et je m'étais imaginé avec raison qu'elle y avait été forcée par Tenermill. A l'égard du comte, j'étais sûr que n'étant point capable de prendre un autre parti qu'elle, il me serait aisé de le faire entrer dans le nôtre, si elle nous devenait favorable. Je fis faire toutes ces réflexions à ma belle-sœur; et l'exhortant à tout espérer de la protection du Ciel : Vous vous êtes abattue trop tôt, lui dis-je en me rapprochant d'elle, et vous devez vous défier une autre fois des apparences. Je voulais lui rendre un peu de confiance et de hardiesse pour répondre à mes vues. Je n'ignore point, ajoutai-je, les justes raisons que vous avez de vous plaindre ; mais ne les grossissez-vous pas par des soupçons sans fondement? Ce que j'ai à vous apprendre, c'est que vous êtes attendue aux Saisons ; et Rose, qui m'a fait prier de vous y conduire, ne m'aurait pas donné cet ordre sans la participation de votre mari. Je réussis assez heureusement, par cette voie, à lui faire modérer des transports qu'elle se repentait elle-même d'avoir fait éclater devant ses domestiques. Nous prîmes le chemin de Paris. J'observai pendant la route de ne l'entretenir de rien qui ne pût contribuer à sa tranquillité. Elle paraissait se rendre à mes raisons ; et comme je ne demandais d'elle que de savoir du moins se composer au dehors, j'aurais été content de l'état où je la voyais, si elle avait eu la force de s'y soutenir.

Mais en traversant Paris pour gagner la porte qui conduit aux Saisons, un malheureux hasard nous fit passer dans une rue fort embarrassée, où notre carrosse fut arrêté quelques momens à la suite d'une infinité d'autres. J'ouvris ma portière pour reconnaître la cause du désordre. A vingt pas de nous, j'aperçus à la fenêtre d'une fort belle maison mademoiselle de L... et Patrice qui paraissaient s'entretenir avec beaucoup d'attention. Mon premier mouvement fut de fermer la portière, et de me baisser même devant la glace, pour dérober ce spectacle à ma belle-sœur; mais ses yeux n'avaient été que trop prompts à lui rendre un mauvais office. Elle avait découvert aussitôt que moi ce que je voulais lui cacher ; et, son imagination se remplissant de toutes les craintes que l'amour et la jalousie sont capables d'inspirer, elle se livra aux plus amers sentimens de la douleur. Ses agitations furent si violentes, que dans tout autre lieu j'aurais pris le parti de la faire descendre pour ménager sa santé. Mais la crainte de quelque scène encore plus fâcheuse, me fit presser le cocher de gagner les Saisons.

Le désespoir de ma compagne n'ayant fait qu'augmenter pendant le reste du voyage, elle se trouva si mal à son arrivée, qu'elle fut obligée de se mettre au lit. Je remarquai aisément qu'elle était plus dangereusement atteinte qu'elle ne se l'imaginait; et pénétré jusqu'au fond du cœur de l'infortune d'une femme si aimable, je m'agitai avec les plus vifs empressemens pour la soulager. Elle fut sensible à mon zèle; et ce fut dans ce moment que m'ouvrant son cœur avec autant de soupirs que de mots, elle me raconta volontairement toute l'histoire de ses peines. Quoiqu'il n'y eût rien de nouveau pour moi dans son récit, l'excès de son affliction redoubla ma pitié. Je lui promis avec serment de faire désormais mon plus cher intérêt du sien, et de rompre même ouvertement avec son mari, s'il s'obstinait à s'écarter de son devoir. A l'objection qu'elle me fit sur le peu de fruit qu'il fallait espérer de la violence, puisqu'elle ne pouvait servir qu'à éloigner de plus en plus un cœur qui n'avait jamais eu pour elle le moindre sentiment de tendresse, je répondis qu'un ingrat ne méritait point d'être ménagé, et qu'il ne fallait pas craindre d'employer la rigueur, quand tous les efforts de l'amour et de la bonté se trouvaient inutiles. J'étais plus indigné qu'elle; et, dans certains momens, je serais parti volontiers pour Saint-Germain, résolu de me jeter aux pieds du Roi, et de solliciciter son autorité en faveur de l'innocence, contre les derniers excès de la cruauté. J'avais donné ordre, en arrivant, qu'on se hâtât d'appeler un médecin. Le bruit d'un carrosse que j'entendis dans la cour, me fit juger qu'on nous l'amenait déjà, et je descendis pour le recevoir. Mais quelle fut ma surprise, de voir venir vers moi Rose et mademoiselle de L..., qui étaient déjà au pied de l'escalier.

Je les arrêtai. Quoi, dis-je à mademoiselle de L... avec un mouvement d'indignation que je ne pus retenir, vous osez paraître dans un lieu que vous remplissez de tristesse et d'amertume ? Que faites-vous ici ? Venez-vous insulter à des malheurs dont vous êtes la cause, et que vous devez vous reprocher ? Ma sœur, embarrassée d'un compliment si brusque, me répondit, en irlandais, que j'avais tort d'accuser sa compagne sans l'avoir entendue; et m'ayant pressé d'entrer dans une salle voisine, elle me pria de m'asseoir et de l'écouter. Mademoiselle de L... se jeta dans un fauteuil à quelque distance de nous. Je remarquai qu'elle avait les yeux mouillés de larmes, et qu'appuyant le coude sur une table, elle se cachait le visage de la main, pour pleurer librement.

Vous auriez ménagé vos expressions, me dit ma sœur, si vous aviez su le motif qui nous amène. Mademoiselle de L..., sur qui vous rejetez les maux dont on se plaint ici, n'est venue que pour les réparer. Elle entre d'elle-même dans les raisons qui doivent lui faire abandonner ses espérances; et rejetant toutes les facilités qu'on lui offre encore pour les faire réussir, elle a conçu que la bienséance et la justice lui imposent d'autres lois. Je demandai à Rose si elle parlait sérieusement. Oui, reprit-elle, et je vous réponds que je ne serai point démentie. C'est une violence que mademoiselle de L... a le courage de faire à ses inclinations. La générosité et l'honneur ont pris l'ascendant sur l'amour. Mais je ne vous garantis pas si hardiment, continua-t-elle, que l'esprit de mon frère soit facile à ramener. Il a de justes sujets de plaintes; et si sa femme est aussi passionnée pour lui qu'elle paraît souhaiter qu'il le pense, il est étrange qu'elle ait employé, pour toucher son cœur, d'aussi mauvaises voies que la violence. Il lui pardonnera difficilement l'aventure de Dilnick. C'est sur ce fondement, ajouta Rose, que j'ai prêté la main moi-même aux projets de séparation; et je vous confesse, me dit-elle en baissant la voix, que, malgré toute la compassion qu'elle m'a inspirée à Saint-Denis, je n'aurais pas changé tout d'un coup de disposition, si mademoiselle de L... ne s'était portée d'elle-même à lui sacrifier tout son penchant.

Le récit du valet de chambre de Patrice m'était trop présent pour ne me pas faire rappeler aussitôt le jugement que ce garçon avait porté lui-même du combat de son maître ; et je commençai dès ce moment à me former une opinion plus favorable de mon frère, en voyant que les extrémités où il en voulait venir avec sa femme, avaient du moins quelqu'apparence de justice et de raison. Comme il m'était facile de ruiner ce prétexte par le témoignage réuni de Dilnick et de ma belle-sœur, j'aurais cru la paix prête à renaître, et je me serais livré tout d'un coup à cette espérance, si je n'avais été arrêté par d'autres difficultés sur lesquelles ma sœur passait trop légèrement. Après tant de preuves d'une passion aussi vive que celle de mademoiselle de L..., je ne pouvais me persuader qu'en un moment elle eût remporté sur elle une victoire si certaine. J'aurais voulu savoir tout ce qui s'était passé entr'elle et Patrice depuis leur départ d'Irlande. J'étais curieux d'apprendre pourquoi ils étaient partis si brusquement de Saint-Denis, et comment on prétendait concilier la résolution de renoncer l'un à l'autre, avec ces marques de tranquillité et d'intelligence avec lesquelles je les avais vu s'entretenir à leur fenêtre une heure auparavant. Enfin, s'il était vrai que la disposition où l'on me représentait mademoiselle de L... fût sincère, quel besoin de venir aux Saisons, et pourquoi se mêler dans une affaire à laquelle elle ne devait plus prendre d'intérêt.

J'allais presser Rose sur tous ces articles, lorsqu'on m'avertit de l'arrivée du médecin. L'attention que je devais à la santé de ma belle-sœur me fit souhaiter d'entendre le jugement qu'il allait porter de sa maladie. M'étant levé pour le suivre, je fus étonné de voir que mademoiselle de L.... et Rose se disposaient à m'accompagner. Non, dis-je à ma sœur, dans l'état où je viens de laisser une femme pour qui je ne puis avoir trop de considération et de respect, il ne me serait point pardonnable de lui présenter la cause de toutes ses peines. Quelqu'idée que je doive prendre du dessein qui amène mademoiselle, je ne souffrirai point qu'elle paraisse devant ma belle-sœur. Pour vous, continuai-je en m'adressant encore à Rose, vous pouvez me suivre à sa chambre ; et si vous avez quelque chose d'agréable à lui annoncer, je ne doute pas que vous ne soyiez plus utile à sa santé que tous les secours de la médecine. Je m'aperçus du chagrin que ce refus causait à mademoiselle de L... Elle reprit tristement la posture où elle était. Rose l'embrassa, en lui disant quelques mots d'amitié que je ne pus entendre, et elle la fit consentir à demeurer seule un moment.

L'embarras du médecin et son langage équivoque m'alarmèrent sérieusement pour ma belle-sœur. Je le pris à l'écart, autant pour m'assurer de sa situation, que pour laisser la liberté à Rose de la consoler par des assurances d'autant moins suspectes, qu'elles ne pouvaient paraître concertées. Le médecin avait démêlé fort habilement que son mal ne venait point d'une cause ordinaire ; et ne me déguisant point le danger, il me confessa que si l'on ne trouvait pas quelque moyen d'arrêter le désordre dans sa source, il espérait peu d'effet des remèdes de l'art. Nous raisonnâmes long-temps sur les symptômes qu'il avait observés, tandis que ma sœur s'efforçait de la consoler par ses exhortations et ses caresses. Mais loin de la rendre plus tranquille, quelques mots qui lui échappèrent indiscrètement sur le projet de séparation dont elle la croyait bien informée, augmentèrent sa douleur et son trouble. Le médecin s'étant rapproché de son lit, lui trouva des signes si effrayans, qu'ils me firent penser sérieusement à faire avertir Patrice. Je descendis dans ce dessein, après avoir prié secrètement ma sœur de remettre à quelque moment plus favorable une explication qui ne pouvait faire beaucoup d'impression sur elle dans toute autre bouche que celle de son mari. Nous la laissâmes entre les mains de ses femmes. Rose me suivit pour rejoindre sa compagne, et je lui promis de me rendre auprès d'elle au même moment, pour approfondir ce qu'elle avait commencé à m'expliquer. Mais un grand cri qu'elle jeta, en mettant le pied dans la salle, m'ayant fait tourner aussitôt du même côté, je vis, comme elle, mademoiselle de L... étendue sans aucun signe de connaissance. Ma frayeur fut égale à la sienne. Heureusement que le médecin pouvait être appelé à l'instant. Il employa plusieurs opérations qui furent long-temps inutiles; et ce ne fut qu'après une demi-heure d'inquiétude que nous commençâmes à prendre quelqu'espérance. Vous tremblez avec raison pour votre belle-sœur, me dit le médecin; mais je n'ai pas meilleure opinion de cette jeune personne; et je suis trompé si une altération si subite ne la réduit pas bientôt à la même extrémité. Il ordonna là-dessus qu'elle fût promptement mise au lit, et qu'on écartât tout ce qui pouvait troubler le repos qui lui était nécessaire.

Quoique le triste état où je voyais mademoiselle de L... ne me permît pas de balancer à lui offrir toutes sortes de secours, je sentis à quoi j'allais m'exposer en lui accordant un lit sous le même toit que celui de ma belle-sœur. Ne pouvant me dispenser de faire appeler Patrice, c'était le replonger dans l'abîme d'où l'on me faisait espérer qu'il pourrait sortir. Je communiquai mes craintes à Rose, qui les trouva justes. Cependant, comme il ne s'offrait point deux partis entre lesquels on pût délibérer, il fallut céder à des nécessités également pressantes. Je fis ouvrir à mademoiselle de L... l'appartement le plus éloigné de celui de ma belle-sœur, et je me hâtai d'envoyer dire à mes frères qu'ils devaient se rendre aux Saisons sans perdre un moment.

En raisonnant avec Rose sur l'accident

imprévu de sa compagne, j'appris quantité de circonstances qui me disposèrent beaucoup mieux en sa faveur. Sans s'engager encore dans le détail que je souhaitais d'apprendre, ma sœur me raconta que peu de semaines auparavant, milord Tenermill, qui ne cherchait qu'à favoriser la passion de mon frère, avait proposé à mademoiselle de L... de prendre un appartement dans la maison qu'il occupait avec Rose et Patrice. Elle y était portée d'inclination, puisqu'elle passait sa vie avec eux; mais une délicatesse d'honneur lui avait fait penser que la bienséance en serait blessée; et de cette réflexion elle était venue à s'observer avec tant de rigueur, qu'elle refusait constamment de recevoir Patrice seule dans sa propre maison. Je fis à ce récit les objections qui se présentaient naturellement. Elle l'a fait venir d'un bout de l'Irlande à l'autre, dis-je à ma sœur, pour passer près de trois semaines avec lui chez Anglesey. Elle est revenue en France dans le même vaisseau. Elle a reçu continuellement ses soins.

Elle est entrée dans tous les projets qui ont été formés contre ma belle-sœur, et sans doute qu'elle les a fait naître autant par ses propres désirs que par sa complaisance pour ceux de son amant. Donnerez-vous le nom de bienséance à une conduite si libre? Aujourd'hui même, ajoutai-je, ne les ai-je pas vus tous deux à la même fenêtre, dans un oubli d'eux-mêmes qui ne peut être attribué qu'à l'ivresse de l'amour?

Il est vrai qu'ils s'adorent, me répondit ma sœur; et le malheur qui a divisé deux cœurs que je crois faits l'un pour l'autre, est un de ces coups du Ciel qu'il ne faut point entreprendre d'expliquer. Mais ne les soupçonnez de rien qui sorte des bornes de l'innocence. J'étais avec eux lorsque vous les avez vus à la fenêtre; et, si vous voulez juger du reste par le sujet de cette entrevue, vous prendrez peut-être une meilleure opinion de leurs principes. Ils ont été consternés tous deux de l'arrivée imprévue de votre compagne; et, de quelque espoir qu'ils se fussent flattés, ce contre-temps si peu attendu a ébranlé leurs résolutions. Mademoiselle de L..... a compris que les raisons mêmes qui suffiraient pour faire rompre le mariage de mon frère, ne seraient pas capables de justifier les engagemens qu'il veut prendre avec elle ; en un mot, que les plus justes plaintes passent pour autant de prétextes et d'artifices, lorsqu'on ne cherche à secouer un joug incommode que pour satisfaire une passion violente. L'honneur alarmé, la crainte d'un éclat qui la perdrait de réputation, et peut-être le doute du succès, l'ont troublée jusqu'à lui faire garder un morne silence, qui a jeté mon frère dans de mortelles inquiétudes ; et, lorsqu'il l'a pressée de s'expliquer, elle n'a ouvert la bouche que pour me demander un entretien secret, dont elle faisait même difficulté de l'avoir pour témoin. Cependant, n'ayant pu résister à ses instances, elle m'a protesté devant lui que, malgré toute la force de sa passion, elle était résolue de contraindre ses sentimens. La douleur qui était peinte dans ses yeux m'a fait juger, qu'éprouvant déjà une partie des tourmens auxquels elle s'exposait, elle était capable de les soutenir avec constance, puisqu'elle n'en était pas effrayée. Toute la compassion que je sentais pour Patrice ne m'a pas empêchée de louer un si noble effort. Il paraissait aussi abattu de cette sentence que de celle de sa mort; et, lorsqu'elle a parlé de s'éloigner sur-le-champ pour le fuir, il aurait poussé des cris, si Georges, qui est survenu, et devant qui il n'a pu se contraindre, n'avait calmé cet orage par une autre proposition. Si vous perdez absolument, a-t-il dit à mademoiselle de L....., le dessein de faire rompre les malheureuses chaînes de mon frère, qui vous empêche de vivre du moins avec nous, et de chercher votre consolation dans une société pleine de charmes? Vous aurez pour dédommagement la tendre amitié de ma sœur, l'attachement du comte de S..... et le mien, la compagnie d'un homme qui vous est cher, et l'estime sans doute d'une femme qui sentira ce qu'elle vous doit, lorsqu'elle apprendra quel sacrifice vous faites à son honneur et à son repos. Craignez les résolutions violentes, a continué Georges ; elles exposent à d'amers repentirs ; au lieu que, sans rien altérer à vos principes, ni peut-être à vos sentimens, vous pouvez vous assurer mille douceurs que vous regretteriez infailliblement d'avoir perdues. Il nous a fait là-dessus le plan d'un commerce qui peut devenir, en effet, une source de délices pour toute notre famille. Mademoiselle de L...., fera sa demeure avec moi, lorsque je serai l'épouse du comte. Nous nous réconcilierons avec notre belle-sœur, Patrice s'efforcera de bien vivre avec elle. Il nous l'a promis lui-même, lorsqu'il a vu que c'était l'unique moyen de retenir mademoiselle de L...., avec nous. Enfin, c'est sur sa parole que nous sommes ici, elle et moi, pour faire les premières ouvertures de notre réconciliation ; et, quoique le trouble où elle est encore ait pu lui causer l'altération où nous venons de la laisser, je connais assez la droiture et l'honnêteté de son cœur, pour vous répondre de tous ses sentimens.

Rose me regarda d'un œil satisfait après ce discours; et, la connaissant si bien moi-même, je ne pus douter qu'elle ne fût persuadée de ce qu'elle m'exposait avec tant de confiance. Mais je conservais trop fidèlement dans ma mémoire les maximes et les discours de Georges, pour me livrer avec autant de crédulité qu'elle aux espérances qui remplissaient son imagination. Ces projets de société, dont elle était si touchée, ne furent pour moi qu'un voile odieux sous lequel Georges cherchait à dérober les vues qu'il n'avait pas rougi de me confesser. Votre bonté vous aveugle, dis-je à Rose; vous ne vous défiez pas d'un mal dont vous ignorez peut-être la nature. Mademoiselle de L....., aussi crédule que vous, ne voit pas non plus le précipice où elle se laisse entraîner. Voudriez-vous contribuer à sa perte? Non; mais il ne vous est pas tombé dans l'esprit que toutes vos mesures ne peuvent avoir d'autre terme. Que ne puis-je croire avec autant de confiance que Patrice n'est pas plus coupable que vous !

L'étonnement de ma sœur me persuadant encore plus qu'elle ne méritait point mes reproches, j'achevai de lui expliquer les soupçons qui m'agitaient, et je la conjurai, pour l'honneur de notre famille autant que pour le sien, de ne pas se mêler dans un complot téméraire, dont nous ne devions attendre que des suites criminelles et funestes. J'aurais peut-être vaincu ses préventions, et j'expliquais déjà son incertitude en ma faveur, lorsqu'on vint m'avertir que Patrice arrivait avec Georges. Il m'était bien plus important d'aller à leur rencontre, et de m'assurer de leurs intentions, que de gagner l'esprit de Rose. Je me hâtai assez pour les joindre avant qu'ils eussent reçu la moindre information des domestiques. Patrice, que j'embrassai le premier, me parut dans une agitation extraordinaire. Je lui demandai ce qui était capable de l'émouvoir à ce point. Il recommença lui-même à m'embrasser, et le mouvement dont il accompagna cette caresse me fit connaître encore mieux son trouble.

J'aurais souhaité de pouvoir le prendre à l'écart, et d'éviter surtout les raisonnemens captieux de Georges, dont je prévoyais que j'aurais beaucoup de peine à me défendre. Mais leur empressement paraissant égal, je fus obligé d'essuyer successivement toutes leurs questions. Ils voulurent savoir si j'avais vu Rose, et si elle s'était fait accompagner de mademoiselle de L......; ce qu'elles avaient dit à ma belle-sœur; de quelle manière elles en avaient été reçues; enfin tout ce qui s'était passé dans une visite dont ils me confessèrent qu'ils appréhendaient mortellement le succès. Elles étaient parties sans les avoir avertis de leur dessein; et quelque apparence de consentement que Patrice eût donné à leurs résolutions, il n'avait point appris sans une vive alarme qu'elles avaient marché presque aussitôt sur nos traces.

J'écartai l'idée de mademoiselle de L...... par une réponse capable de saisir touté l'attention de Patrice. Le Ciel vous amène heureusement, lui dis-je; ou plutôt, ajoutai-je d'un air attendri, je ne vous crois point capable de donner le nom de bonheur au spectacle qui vous attend, et je ne le donne moi-même qu'aux circonstances de votre arrivée. Votre épouse est dans un état qui me fait trembler pour sa vie. Venez la consoler par votre présence. Si vous êtes ici dans ce dessein, je vous rends sans explication mon estime et mon amitié. Mais si la tendresse et le devoir ne vous font rien sentir, dans cette occasion, pour une femme à qui vous êtes lié par tant de nœuds sacrés, je vous regarde comme un monstre, et je veux être le premier à vous détester. Venez, cher Patrice, continuai-je en le prenant par la main; écoutez un moment la bonté de votre cœur; songez qu'il n'est point de plaisirs sans honneur et sans vertu, et faites une fois l'essai de ceux que le Ciel a mis entre vos mains. Georges m'interrompit. Il verra volontiers sa femme, me dit-il; et, si vous savez la résolution qu'il a prise, vous ne devez pas vous plaindre de ses intentions. Ah! tout ce qui vient de vous m'est suspect, lui répondis-je sans le ménager; et quand il reprendra dégoût pour son devoir, je n'en ferai point honneur à vos conseils. Cette réponse était choquante; mais, loin de s'en offenser, Georges la reçut avec un sourire qui semblait marquer combien il se croyait supérieur à mes reproches.

Nous étions à la porte de ma belle-sœur. Patrice ne refusa point d'entrer. Il s'approcha même de son lit avec un air d'empressement dont j'aurais bien auguré dans des conjonctures moins tumultueuses. Il l'embrassa, et ses premières expressions furent du moins des témoignages de politesse. Elle, qui ne s'arrêtait point à distinguer entre la sincérité et les apparences, et qui, loin de s'attendre à tant de complaisance, avait redouté quelque déclaration funeste en le voyant paraître; elle enfin à qui tout était cher et précieux de la part d'un mari si tendrement aimé, se livra au plaisir de le retrouver tel du moins qu'elle l'avait vu avant les malheureuses preuves qu'elle avait eues de son ingratitude. Je remarquai l'effet que cette pensée produisait sur elle; et, voulant tirer d'une disposition si favorable tout l'avantage que j'en devais espérer pour sa guérison, je saisis ce moment pour hasarder quelques explications que Patrice ne pouvait désavouer. Sans nommer mademoiselle de L....., je parlai du premier incident qui avait troublé leur repos, comme d'un malentendu dont il ne fallait accuser que l'imprudence et la vivacité de Dilnick. J'attribuai leurs peines mutuelles à cette fâcheuse cause; et, réunissant toutes les lumières que j'avais pu recueillir sur leur conduite, je les engageai à confesser, lui, qu'il ne se serait jamais porté à des résolutions violentes sans la fausse idée qu'il avait prise des sentimens de sa femme; elle, qu'à l'exception de cette erreur, elle n'avait jamais trouvé dans son mari que de la douceur et de la complaisance même, au milieu des infirmités et de la langueur où il avait vécu depuis leur mariage. J'ajoutais ces derniers mots pour prévenir adroitement d'autres objections. Vos chagrins, repris-je, sont donc autant de chimères qui peuvent être détruites et réparées en un moment. Mon frère, ajoutai-je en m'adressant à elle, vient de vous promettre toute la fidélité et la tendresse qu'il doit à ses engagemens, et je suis sûr que vous ne soupçonnerez point sa bonne foi dans un retour si libre et si volontaire.

Soit que la force des circonstances fît une véritable impression sur le cœur de Patrice, soit qu'il fût uniquement sensible à la crainte de perdre mademoiselle de L....., dont les résolutions lui étaient peut-être beaucoup plus présentes, il seconda mon discours par des marques de sincérité qui ne me parurent point suspectes. Sa femme, attendrie jusqu'au fond du cœur, lui tint compte de ses moindres complaisances; et cette facilité à se laisser persuader venait bien plus, sans doute, de l'ardeur de ses propres sentimens, que du témoignage qu'elle recevait de ceux d'autrui. Mais enfin j'aurais fait fond comme elle sur les dispositions de Patrice, si je n'eusse appréhendé pour lui une autre épreuve, que je n'avais aucune espérance de lui faire éviter. Il était impossible de lui déguiser la visite et l'accident de mademoiselle de L..... Georges, qui ne nous avait pas suivis dans l'appartement de ma belle-sœur, en était déjà informé. Quel sujet d'inquiétude, au milieu des espérances dont je commençais à me flatter! Je m'imaginai néanmoins que s'il y avait quelque chose à se promettre de la bonté du Ciel, c'était dans un moment où le cœur de mon frère avait paru sensible à son devoir. Il ne fallait pas lui laisser le temps de se refroidir. Au lieu de recourir à des déguisemens dont le succès était incertain, je résolus de le conduire sur-le-champ à l'appartement de mademoiselle de L....., et de les aider tous deux, par de nouvelles instances, à remporter sur eux-mêmes une victoire que je croyais fort avancée.

FIN DU TOME TROISIEME.

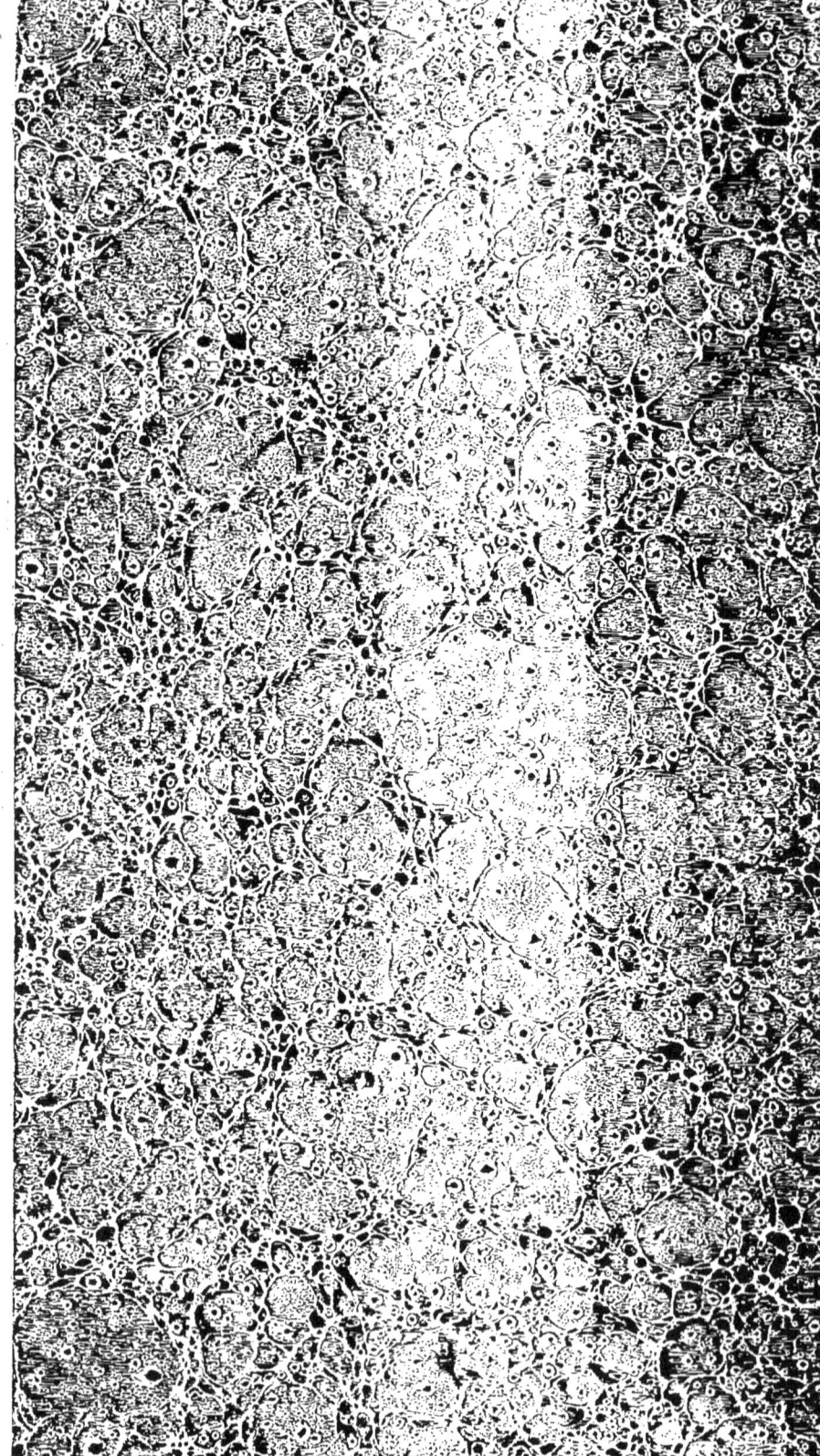

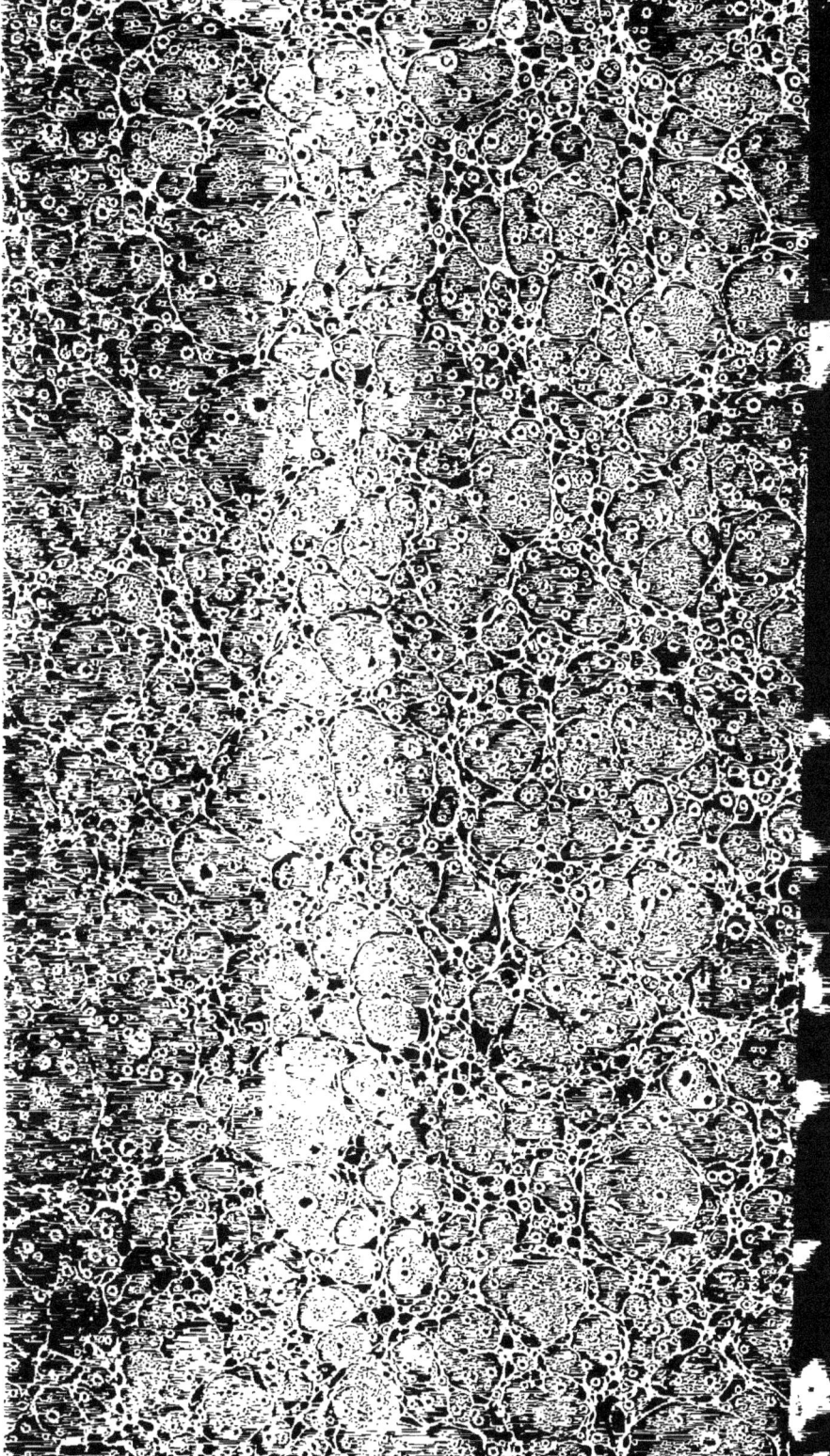

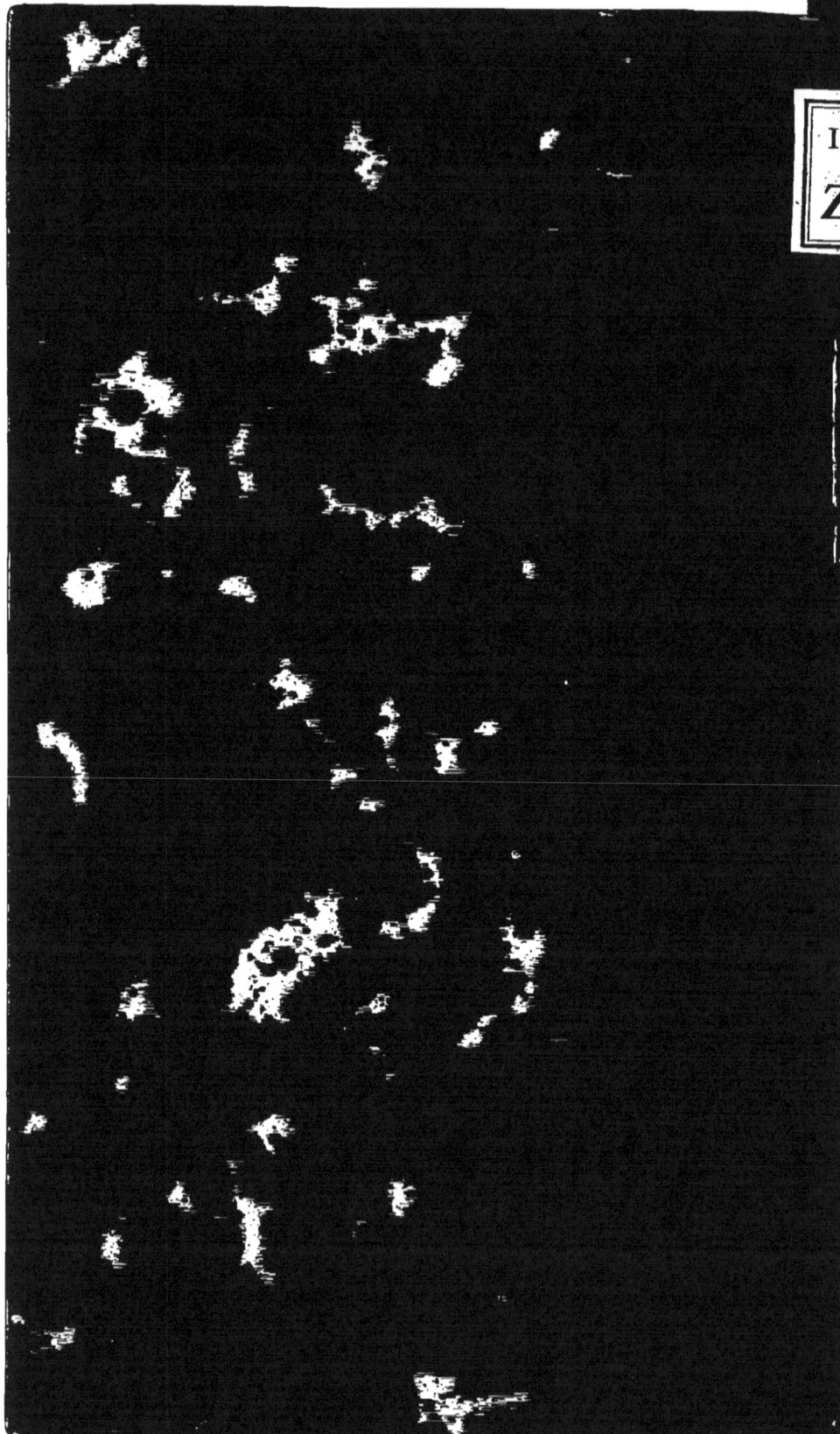

www.ingramcontent.com/pod-product-compliance
Lightning Source LLC
Chambersburg PA
CBHW070755170426
43200CB00007B/796